現地在住日本人ライターが案内する

古都チェンマイのとっておき
［増補新版］

THAILAND
Guided by japanese resident in Chiangmai

古川節子

JN046838

はじめに

　近年、じわじわと人気を集めている、タイ第2の都市チェンマイ。バンコクやプーケットに比べるとまだまだ知名度は低いかもしれませんが、リピートする観光客が増え、気候の良い時期にのんびりと滞在する年配の方や、タイマッサージやヨガを学ぶ人、ネット環境が整っているのでパソコン1つで仕事をするノマド・ワーカーも多くなっています。

　山に囲まれた自然豊かなタイ北部は、チェンマイを中心にラーンナー（百万の田）と呼ばれる豊かな稲作の文化が育まれてきました。ミャンマーやラオス、中国雲南省とも近いため、様々な民族の文化交流の中で、織物や木工、銀細工などの技術が発達しました。また、仏教徒が多く、街にはたくさんの寺院があり、橙（だいだい）色の袈裟に身を包んだ僧侶の姿を日常的に見かけます。そんな独自の文化が息づく落ち着いた雰囲気も魅力のひとつです。そして、街のすぐ近くには農地が広がっているので、新鮮な食材を使った美味しい料理や香りの良いコーヒーが手頃な値段で味わえるのもチェンマイならではでしょう。

　緑豊かな街や活気溢れる市場を気ままに散策したり、本場のタイ北部料理を味わったり、マッサージで癒されたり……と、楽しみ方はいろいろ。とにかく、人も街も穏やかなチェンマイは、日本の日常を離れ、心も身体も芯からリラックスしたい人におすすめです。

　2018年末に出版した初版本がご好評をいただき、増補版の出版にあたっては掲載データを更新したほか、新たにオープンしたレストランやスパ＆ホテルを追加しました。ぜひ、この1冊をお供に古都チェンマイの魅力を堪能してください。

古川節子

CONTENTS

DATA の見かた

住 住所　電 電話番号

休 定休日

C クレジットカードの利用

営 営業時間　料 料金

※本書の掲載データは、2020年3月現在の
ものです。その後、各紹介スポットの都
合により変更される場合がありますので、
予めご了承ください。
※掲載した商品やメニューは本書発売期間
中に売り切れる場合がございますので、
予めご了承ください。
※定休日は旧正月休みを除いたものです。

5

基本情報

☑時差

　日本とタイ（チェンマイ）との時差はマイナス2時間。日本の10時はタイの8時。サマータイムはなし。

----- time difference -----

JAPAN　　　　**THAILAND**

☑日本からチェンマイへ

　直行便は運行していないので（2020年3月現在）、バンコクで乗り換えが必要。バンコクから飛行機で約1時間。バンコクにはスワンナプーム国際空港とドンムアン空港があり、タイ国際航空、全日空、日本航空はスワンナプーム国際空港、格安航空各社はドンムアン空港を利用する場合が多いので、どちらを利用するのか確認が必要。バンコクから鉄道や長距離バスでチェンマイに入る方法もあるが、10時間以上かかる。

☑チェンマイ国際空港から　市内へのアクセス

　旧市街やナイトバザールまで車で約10〜15分。空港から市内へ行くシティー・バスは30分に1便。事前に宿でタクシーを手配すると便利。空港タクシーは150B程度、出口付近のカウンターで行き先を告げる。

☑ビザ

　観光目的の旅行で30日以内の滞在の場合、ビザ（査証）は不要。パスポート（旅券）の有効期間が6カ月以上であること、入国時にタイから出国するための予約済み航空券を所持していることなどの条件がある。

☑地理

　タイの首都バンコクから北に720km、海抜310mにある。面積は約20,000k㎡と日本の四国ほどあり、タイで2番目に広い県。80%以上が山岳地帯で占められている。市内の旧市街を中心に街が広がり、東側に全長569kmのピン川が流れる。

Author's Advice
タイは北部、東北部、中部、南部に分けられ、北部はさらに北部9県と中北部17県に分けられる。

--- Chiangmai Map ---

人口
チェンマイ県
約176万人、
チェンマイ市
約13万人（2018年）

タイ王国

1.チェンマイ県
2.チェンラーイ県
3.ランパーン県
4.ランプーン県
5.メーホーンソーン県
6.ナーン県
7.パヤオ県
8.プレー県
9.ウッタラディット県

☑ 気候

バンコクより比較的涼しい。5月下旬～10月の雨季、11月～5月上旬頃の乾季（寒季11～2月、暑季3～5月）に分かれる。ハイシーズンは雨も降らず涼しい11～1月頃で、朝晩は15℃を下回ることもある。雨季は1日中曇りの日が多く涼しく過ごしやすいが、蚊が多いので蚊よけ対策を。3、4月は最も暑く40℃を超えることもあるので水分補給はしっかり。冷房が効きすぎている場所が多いので1年を通して羽織るものは準備しておこう。

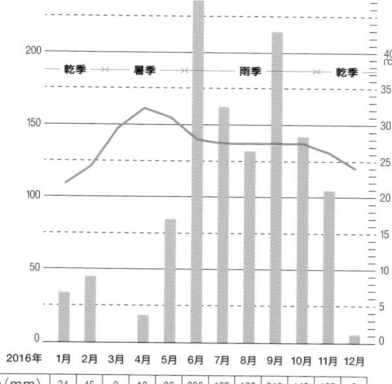

チェンマイの平均気温と降水量 (2016年)

2016年	1月	2月	3月	4月	5月	6月	7月	8月	9月	10月	11月	12月
▉ 月平均降水量(mm)	34	45	0	18	86	236	162	132	213	142	105	6
― 月平均気温(℃)	21.6	24.2	29.4	32.4	31.1	28.1	27.6	27.7	27.6	27.6	26.3	24

☑ 通貨・両替

通貨はバーツ（B/Bath/BHT/本書ではB）。日本円からの両替は空港や街中の銀行で可能。クレジットカードはレストランやホテルでは使用できるが、食堂では不可。お札は20B、50B、100B、500B、1000B、硬貨は1B、5B、10B（1Bの下に25、50サターンがある）。レートは1B＝3.28円（2020年3月現在）。

☑ 電圧とプラグ

電圧は220V、プラグはBF、Cタイプ。電圧が異なるので、対応していない器具は変圧器が必要。

☑ チップ

高級ホテルやレストランを除き、チップは不要。マッサージやスパ、ガイドや運転手などには心づけ（場所によって20～100B程度）を。

☑ 水

水道水は飲めないので、飲料水の購入を。ホテルの部屋には大抵サービスの水がある。

☑ 酒・たばこ

アルコールの販売は11:00～14:00、17:00～24:00のみ。仏教関係の祭日や選挙の日などは販売禁止。レストランやカフェなど室内での喫煙は禁止されている。

チェンマイの歴史

　かつてチェンマイは独自の文化をもつラーンナー文化圏の中心都市として栄えた。ラーンナーとは「百万の田」という意味で、繁栄を象徴する名称。1296年、ヨーノック国（現チェンラーイ）を治めていたマンラーイ王によって、「新しい都」という意味の「チェンマイ」が建都され、最も栄えた時代にはタイ北部のランパーン、プレー、ナーン、ラオスのルアンプラバンやビルマのチェントゥン、中国雲南省のシーサンパンナまで領土を広げた。タイの一県となった今もなお北部タイ族の言葉や民族衣装、伝統美術など、ラーンナーの文化は受け継がれている。

チェンマイ・ラーンナーの歴史

1292年	▶ マンラーイ王がモン族のハリブンチャイ王国（現ランプーン）を攻略。
1296年	▶ マンラーイ王、チェンマイを建都する。
1371年	▶ 第6代グーナ王がスコータイから高僧を招き、スリランカの上座部仏教を普及させる。
1477年	▶ 仏典を編さんする第8回会議（結集）が行われた。第9代ティロカラート王の時代は、宗教や美術が発達、繁栄を極めた。
1558年〜1774年	▶ ビルマ（現在のミャンマー）による占領時代。
1774年	▶ チェンマイのジャーバーン王とケーラーン（現ランパーン県）のガーウィラ王が、トンブリー王朝のタークシン王と共にビルマを撃退。その代わりサヤーム国（タイ）の属領になる。
1782年	▶ サヤーム国のラーマ1世がガーウィラ王を初代チェンマイ領主に任命。その後もビルマ軍の侵略が続き、都は荒廃する。
1796年	▶ ガーウィラ王は都の再建のため、逃げていた住民の再定住を奨励。
1796年	▶ 中国のシーサンパンナやビルマのチェントゥンなどから、タイルー、タイクーン、タイヤイ（シャン）など、高度な職人技術を持つ人々を住まわせた。
19世紀半ば	▶ アメリカ人宣教師やイギリスの木材会社などが入ってくる。チェンマイ初の学校や病院が作られた。
19世紀後半	▶ タイ北部でのイギリスの木材会社による森林伐採における訴訟問題が頻発。隣国ビルマやラオス、マレー半島、インドなどアジアの多くの国が植民地となる中、ラーマ5世とチェンマイ第7代領主インタウィチャヤーノンは危機感を強めたが、領主の娘ダーラーラッサミー妃がラーマ5世に嫁ぐことで、サヤームとチェンマイの結びつきが深まり植民地化を回避。
1874年	▶ バンコク政府はパーヤップ省の統治改革を進め、中央から知事を派遣。インタウィチャヤーノン王の死後、チェンマイはタイ王国の1地方となる。
1921年	▶ バンコク−チェンマイ間で鉄道が開通。
1932年	▶ サヤーム国が絶対君主制から立憲民主制となり、チェンマイはタイの1県となる。

旧市街のランドマークの3人の王様像。マンラーイ王（中央）はパヤオ王国のガムムアン王（左）とスコータイ王国のラームカムヘーン王（右）の協力を得てチェンマイを建都。

チェンマイ市文化芸術会館
Chiang Mai City Arts & Cultural Center
▶ MAP/P170-B2

1996年チェンマイ建都700周年記念に設立。1921年建造の元市庁の建物に チェンマイの都や歴代の王についての歴史を展示。英語の解説付き。

チェンマイ歴史センター
Chiang Mai Historical Centre
▶ MAP/P170-B2

先住民族のラワ族の展示など。館内に古い城壁の遺跡がある。

ラーンナー民族博物館
Lanna Folklife Museum
▶ MAP/P171-C2

元裁判所の立派な建物の1階は寺の美術、2階は古陶磁や漆、布を展示。特にチェンマイの伝統的な刺繍織りバー・ティーンジョックは80～150年前の古布や貴族の布が展示され、布好きの人は必見。敷地奥にある Chiang Mai House of Photography（8:30～16:30、月曜休）は入場無料。

歴史的建物でラーンナー文化や歴史を学ぶ

3人の王様像広場の周辺にはラーンナーの歴史や文化を紹介する施設が、同じエリアに3カ所ある。立派な歴史的建物はエアコン完備。暑い季節でも快適に見て回ることができる。

DATA

🏠 127/7 Prapokkloa Rd. 　📞 053-217-793
🈺 月曜休館　🕐 8:30～17:00
💴 入場料1館大人90B、小人40B。
　　3館入場券（1週間有効）大人180B、小人80B

指差しタイ語

知っていれば便利な最低限のタイ語。

男性は語尾にクラップ、女性はカー（例：サワディー・クラップ、サワディー・カー）をつけると丁寧。
チャーオを付ければチェンマイ弁風になって喜ばれるかも！？

こんにちは	サワディー สวัสดี	○○をください	コー・○○ ขอ○○
ありがとう	コープクン ขอบคุณ	値引きしてください	ロット・ノーイ・ダイマイ ลดหน่อยได้ไหม
いくらですか?	タウライ เท่าไร	辛くしないでください	コー・マイ・ペット ขอไม่เผ็ด
○○はどこですか?	○○ユーティーナイ ○○อยู่ที่ไหน	甘さ控えめにしてください	コー・ワーン・ノーイ ขอหวานน้อย
○○へ行ってください	パイ・○○ ไป○○	とてもおいしいです	アローイ・マーク อร่อยมาก

チェンマイの文化① −信仰と祭り−

☑ タイと仏教

タイは国民の9割以上が仏教徒だ。タイの上座部仏教は、日本の仏教とは異なり、出家して悟りを開いた者だけが救われるという考えが基になっており、寺院では僧侶が227もの戒律を守りながら修行をし、在家者はそれを支える事で徳を積む。タイに仏教が伝えられたのは13世紀のスコータイ王朝の頃といわれ、チェンマイを興したマンラーイ王もスコータイより仏教を取り入れた。タイでは仏教伝来以前に伝わっていたバラモン教や、土着の精霊信仰が融合した独自の仏教が発展し、仏教行事の行われる日には正装をしてお寺に集まったり、人生の折々に僧侶を招いて儀式を行ったりと、仏教が暮らしに密接に関わっている。輪廻転生を信じ、現世で善行を積めば来世が良くなるという教えが人々の心に深く根差している。

☑ 寺院での作法

寺に行く時には服装に気をつけること。露出の多いタンクトップや短パンは禁止。観光客が多い寺院ではサロンや羽織る服を貸している。また、女性は僧侶に触れないよう、お布施なども直接渡さず布の上に置くなど距離をおくこと。足は不浄とされているので、僧侶や仏像に足を向けてはいけない。仏塔や仏像へのお参りの仕方は、座って合掌し手をついて3度お辞儀をする。

☑ 托鉢

僧侶は昼12時以降は食事をしてはいけないという戒律があり、食事は午前中の2回のみ。托鉢は朝6〜8時頃ならどこでも見られるが、チェンマイ門市場付近は托鉢する僧が多い。

☑ 精霊信仰

仏教伝来以前からタイの人が信じているのが「ピー」と呼ばれる精霊。チェンマイでは人々がピーの祠や大きな木に手を合わせるのは日常的に見る光景だ。庭や店先に土地や祖先の精霊を祀った小さな祠が置かれ、家族の健康や繁栄の願いを込めてお線香や食べ物が捧げられている。年に一度、ピーにご馳走をする儀式を盛大に行うところも多い。

☑ チェンマイの歳時記

1月	第3金〜日曜　ボーサーン傘祭り（P135）
2月	中国旧正月（ワローロット市場）
	第1週金〜日曜　フラワー・フェスティバル（ハイライトは土曜午前中の生花の山車のパレード。ナワラット橋を朝8時頃出発、スアン・ブアックハート公園まで）
	第2週金〜日曜（変更あり）　メーチェム地方の織物バー・ティーンジョック祭（日曜午前中にバー・ティーンジョックのバーシン（筒状のスカート）を履いた人やラワ族、モン族、カレン族の民族衣装を着た人達のパレードがある）
3月	陰暦3月の満月　万仏節※
	下旬〜4月上旬　ポーイ・サーン・ローン　タイヤイ（シャン）族の得度式。華やかな衣装を着た少年達が肩車をされてパレードする。ワット・パーバオ（P67）にて。

4月	13〜15日　ソンクラーン（タイ旧正月）
5月	5〜6月の1週間　ワット・チェディールアン（P69）にある都の柱（サオ・インタキン）を祀る儀式　チェンマイの守護柱に花を供える。※
	陰暦6月の満月　仏誕節※
7月	陰暦8月の満月　三宝節※
10月	陰暦11月の満月
11月	陰暦12月の満月　ローイクラトン祭り（イーペン祭り）※　水の神メーコンカーに謝罪と感謝の気持ちを込めた灯籠を流す。3日目の夜、ターペー門からピン川沿いまでをクラトン（灯籠）を模ったフロートが優雅にパレードする。

赤字はチェンマイのみで行われる行事。
満月の日に行われる行事は毎年日付が変わる（※）。
タイ国政府観光庁のHPで事前に確認のこと。
https://www.thailandtravel.or.jp

☑ 伝統行事「ソンクラーン」にみる信仰心

　チェンマイのみならず、近隣諸国のタイ民族にとって1年で最も大切な行事といえばソンクラーン（P135）だろう。タイの占星術で太陽が白羊宮に入る新年の行事で、家ごとに祀ってある仏像に水をかけて清め、寺院へお参りに行く。また重要なのが、親戚のお年寄りの家を回って贈り物をし、聖水を捧げて前年の無礼などを侘びる儀式（ダムフア）だ。お年寄りからは手首に糸を巻いてもらったり（プーク・コームー）、新しい年の幸せを祈ってもらう。会社の上司など尊敬する目上の人にも行われる。

　ここから派生した「水かけ祭り」は無礼講の大騒ぎ。特にチェンマイは有名で、旧市街のお堀周辺は水を掛け合う若者や観光客で大賑わい。しかし、一瞬だけ、街が神聖な空気に覆われる瞬間がある。それは4月13日の午後。ワット・プラシン（P68）のシヒン仏を始め、市内の寺院から運び出された仏像のパレードがチェンマイ駅付近からターペー門を抜け、ワット・プラシンまでを行進する時。伝統衣装を着たお婆さんたちも通りに出てきて、熱心に仏像に水をかける歓喜に満ちたシーンは1度は見る価値があるだろう。ただし、スマホやカメラはしっかりビニール袋に入れておくこと。

チェンマイの文化② －民族・衣食住・交通－

☑ 民族衣装

　結婚式などの特別な行事や寺院に行くときに民族衣装を着る。タイ北部の女性はパーシンという筒状のスカートを履くが、同じタイ族でも民族ごとに柄や色などの特徴がある。丈の短めの上着を着て、寺院に行くときはパー・サバイという肩掛け布を巻く。昔のチェンマイの女性は髪を長く伸ばし、結い上げて簪（かんざし）をさした。額の上の方で髪を膨らませて結っているのは、100年頃前にチェンマイに伝わり、女性の間でブームとなった日本髪の名残。

男性は幅の広いサドー（タイパンツ）をはく。藍染めの野良着（モーホーム）は伝統行事の時などにも着る。

　また、山岳部に住む少数民族の民族衣装もそれぞれに美しい（P130）。チェンマイでは毎週金曜日に公務員や学校で民族衣装を着用している。いろいろな民族衣装を見てみたい人は、花祭りやローイクラトン、ソンクラーンなどのパレードを見学しよう。

☑ ラーンナー建築

　伝統的なラーンナー様式の民家は木造高床式である。薄い瓦をふいた切妻屋根の正面に先住民族ラワ族文化の名残りで「ガーレー」という、日本の神社の千木（ちぎ）に似た魔除けの飾りが取り付けられている。タイ北部は植民地化されなかったが、19～20世紀中頃に建てられたラーンナー様式を取り入れた西洋建築（コロニアル）は今も残っている。

☑食

タイ料理屋台やレストランではうるち米が主流だが、タイの北部料理はもち米が主食で、レストランでは竹などで編んだ籠に入れて出される。おかずはココナッツミルクや砂糖をあまり使わない。辛いメニューが多いので、「コー・マイペット（辛くしないで）」を覚えよう。麺類も種類豊富。タイ人は麺をすすらないので、食べる時に大きな音をたてないように注意。スープを飲む時は、器を持ち上げずにれんげを使おう。

カントークという台付きのお盆にのせられたタイ北部料理。ゲーン・ハンレーやラープ、卵の蒸し焼き、ハーブと生野菜、もち米の入った入れ物など。

☑チェンマイ市内の交通手段

ソーンテオ

市内を流している赤い乗り合いタクシー（ロッデーンともいう）。手で合図をして止め、行き先を告げ、料金を交渉し（英語があまり通じないことも）、後部座席に乗車。近距離は30B程度で支払いは下車時。途中で降りたい時は天井のベルを押す。他の客を乗せながらなので、急ぐ場合はチャーター（1時間400Bが目安）を。白・緑・青・黄色のソーンテオは郊外行き。

トゥクトゥク

ソーンテオより割高だが英語が通じる運転手が多い。乗車前に行き先、運賃を交渉、到着後に支払う。

タクシー

流しのタクシーはなく、ホテルか旅行代理店で手配。ほとんどが交渉制だ。チャーターする目安は1日（8時間）1800B程度＋ガソリン代。スマホが使える人はタクシー配車アプリ「Grab」が便利。

シティー・バス

空港からも30分置きに出発。市内を周遊し均一運賃20B。乗る時に行き先を運転手に告げる。アプリ「CM Transit by RTC」で乗りたいバスがどの辺まで来ているかを確認できる。2018年にできたばかりのサービスなので変更に注意。

サームロー

昔ながらの自転車タクシー。地元の人が朝の買い物に利用する他は、観光目的がほとんど。乗ってみるなら車の少ない日曜の朝がおすすめ。ワロロット市場やチェンマイ門市場付近に待機している。

13

เจดีย์ทราย

朝の托鉢で始まるソンクラーン（4月中旬のタイ旧正月）。旧市街の寺院、ワット・ジェットリンの境
内には、チェンマイで一番大きな砂山が作られ、人々が供える色とりどりの旗で覆われる。

上/タイ北部料理のナムプリック・オン、下/中部のカオクルック・ガピ（エビ味噌まぜご飯）。

郊外のサンカンペーンは傘や紙すきなど工芸の産地。毎年1月開催の傘祭りはレトロな雰囲気が魅力。

最も暑い3、4月は花の季節でもある。タイの国花ラーチャプルックの花が光り輝く。

上/仏誕節、三宝節、万仏節の夜は寺院で儀式が行われる、下/伝統舞踊の可愛い踊り子達。

19

伝統的な紙灯篭を持ち、これから街をパレード。ローイクラトン祭の夜は灯篭の明かりが良き精霊や神を導くと信じられ、町中に灯される。

タイ旧正月のワット・プラシンのシヒン仏を運び出す儀式。仏像行列の先頭に置かれて街を練り歩く。

Chiang Mai
River Side

リバー・サイド

| MAP/ P171 |

チェンマイをゆったりと流れるピン川周辺のジャルンラート通りと
ジャルンプラテート通り、ターペー通りは、
古い建物を改装したモダンなレストランやカフェが多く、観光客に人気。
活気溢れるローカル市場もあり、見所たっぷりです

1.
River Side

137 Pillars House Chiang Mai
THE DINING ROOM

137ピラーズ・ハウス・チェンマイ　ダイニング・ルーム

| MAP/ P171-D2 | **RESTAURANT** |

歴史が息づくチークの館で、ノスタルジックなひと時を

19世紀後半に裕福な外国人が暮らしていたワット・ゲートエリアにある『137ピラーズ・ハウス』は、ラグジュアリーなブティックホテルです。敷地の中心にあるラーンナー・コロニアルの建物は、1889年に英国ボルネオ社の社屋兼住宅として建てられました。館を支える137本の

チーク柱がホテルの名前の由来となっています。2階のレストランでは、洗練された北部料理やアジア各国の料理、西洋料理、アフタヌーンティーが味わえます。お洒落なオリジナルカクテルは、レストランや、以前のオーナーの名をとった『ジャック・ベインズ・バー』でも楽しめます。

1.メインディッシュのラム肉のゲーン・ハンレー590B。**2.**左/ライムの香りが爽やかなジンベースのカクテル「オールド・ハウス」380B。右/ラムとバナナリキュールにオレンジ、ライム、グレナディンとシナモンが香るトロピカルなカクテル。その名も「エレファント・ランナー」380B。**3.**1Fは建物の歴史を展示した博物館になっている。

タイ料理とアジア各国料理が味わえる『ダイニング・ルーム』。天蓋付きの優雅なテーブル席がプラ
イベートで特別な空間を演出している。

DATA

🏠 2 Nawatgate Rd. Soi 1
☎ 0-5324-7788　㉡無休　🄲可
🕐 6:30〜23:00、ジャック・ベインズ バー＆ワイン セラー17:00〜23:30 ※英語可

Hinlay Curry
ヒンレー・カリー

| MAP / P 171-D2 | **RESTAURANT** |

「フォレストベイク」には焼きたてのパンが並ぶ。植物に囲まれた素敵な棚は思わず写真を撮りたくなる美しさ。

緑いっぱいの空間で味わう、ミャンマーカレーと天然酵母パン

カフェやショップが並ぶジャルンラート通りからほど近い、閑静な住宅街にあるカレー専門店。こちらではタイカレーではなく、ミャンマーのヒンレーカレーやインドのティッカマサラが味わえます。オーナーのポンサックさんは、子供の頃にミャンマー人のメイドが作ってくれたヒンレーカレーの味が忘れられず、その後スパイスや調理法など本格的に学んだそうです。敷地内にはオーナー夫人が焼く天然酵母パンのベーカリー＆カフェ『フォレストベイク』があり、グリーンをお洒落に取り入れた内装が若者に大人気。木々が生い茂る中庭の席はいつも賑わっています。

1.左から時計回りに生姜がきいたヒンレーカレーとライス&チャパティのセット175B。ラムカレー単品180B。チキン・ティッカマサラ・セット175B。**2.**笑顔が素敵なスタッフ。**3.**自然光を取り入れたレストラン。**4.**涼しい季節は庭の席も心地良い。人気店のため、早めの時間の方がゆっくり過ごせる。

DATA

ヒンレーカリー　🏠 8/1 Nawatgate Rd. Soi 1　📞 0-5324-2621　🈺 水曜
　　　　　　　　⏰ 8:00〜17:00（土・日曜は予約がベター）　※英語可

フォレストベイク　📞 09-1753-3073　🈺 水・木曜　⏰ 10:30〜17:00

Street Pizza & The Wine House

ストリート・ピザ&ワイン・ハウス

| MAP/ P171-D2 | **RESTAURANT** |

人気のチェンマイスタイルはチェンマイ・ソーセージをトッピング。10インチ（1〜2人前）269B。12インチもある。

素敵なベランダ席で、夜風に吹かれて味わうピザ

築100年のラーンナー・コロニアル調のロマンチックな白い館の2階にあります。ターペー通りを見下ろすベランダ席も、天井が高く落ち着いた雰囲気の室内席もそれぞれにムードたっぷり。自慢の焼きたてピザは薄いタイプで、ところどころお餅のようにぷっくりと膨らんでいる

のが特徴です。せっかくですから、ハーブが香るチェンマイ・ソーセージ「サイウア」や唐辛子の効いた「ナムプリック・オン」をトッピングした「チェンマイスタイル」を。ちょっぴりスパイシーなピザは、ワインやビールにぴったりです。ジャズ演奏のある夜もおすすめです。

1.夜になると各テーブルにキャンドルが灯り、ロマンティックな雰囲気に。天井は高く、艶やかな木の床は落ち着いた雰囲気。ハイシーズン（11〜4月頃）は毎週火・金・日曜、ローシーズンは火・金曜の19:30からジャズの生演奏もある。**2.3.**ベランダ席は通りを行きかう人や車など、チェンマイの喧騒が眺められる。**4.**若いタイ人オーナーによってラーンナー・コロニアル建築を生かしたピザ屋に。

DATA

🏠 7-15.Thapae Rd.
📞 08-5073-5746　🈺 月曜
🕐 12:00〜23:00　※英語可

The Restaurant, Anantara Chiang Mai Resort

ザ・レストラン アナンタラ・チェンマイ・リゾート

| MAP / P171-D3 | **RESTAURANT** |

上/1921年に建てられた美しい建物と中庭が素晴らしい。 下/フォアグラのにぎり488B。香ばしいタレをぬって炙ったフォアグラが、口の中でとろける。

ロケーションも料理も素晴らしい、旧英領事館のレストラン

ピン川を眺めつつ優雅に食事やお茶を味わいたい人は、ピン川の西に接する『アナンタラ・ホテル』のレストランへ。ナイトバザールに程近い場所にありながら、自然豊かでリラックスした雰囲気を堪能できます。定評のあるインド料理をはじめ、日系ペルー人シェフによる「ニッケイ料理」を味わえるのはチェンマイではここだけ。素材の味を引き出す味付けはさすがです。

人気のアフタヌーンティーは、川辺の席はもちろん、心安らぐ水際のロビーラウンジでも、あるいは旧英領事館のコロニアル調の建物でも、好きなロケーションで味わうことができます。

1.川海老のアンティクーチョソース490B。グリルした川海老にペルーの唐辛子を使った濃厚なソースをからめて。**2.**スタッフが丁寧に対応してくれる。**3.**アフタヌーンティーセット1人880B、2人1200B。スパイシーなチョコレートなど趣向を凝らしたメニュー。

DATA

🏠 123/1 Charoenprathet Rd. 　☎ 0-5325-3333　🈺 無休　© 可
🕐 朝食6:30〜10:30、ランチ12:00〜15:00、アフタヌーンティー14:00〜18:00、ディナー18:30〜22:30
※英語可

Column.1

ピン川沿いに残る街並みの歴史

ラーンナー・コロニアルやチークの屋敷をリノベートした
ホテルやレストランが多いこのエリア。繁栄の歴史とは…

ピン川はバンコクのチャオプラヤー川の支流のひとつで、1921年に鉄道が開通するまで、下流域の都市との重要な交易路でした。川沿いにあるワット・ゲート周辺には物資が届く船着場があり、タイ北部でチーク材を扱う英国ボルネオ社や華僑の商館などが建ち並び、イギリス人職員やビルマ人（*現在のミャンマーの人々）をはじめ、アメリカ人宣教師、インド人や中国人商人など、人種も宗教も異なる人々が集まり栄えていました。その中には日本人写真師の田中盛之介も名を連ね、チェンマイ初の写真館を開いていました。今でもこのエリアには、ラーンナーと英国の建築が融合したラーンナー・コロニアル様式の建物が保存され、昔の面影を伝えています。

ジャルンラート通りの中華系商館の奥は、ピン川を臨むレストラン『The Gallery』。
▶ MAP/P171-D2

ワット・ゲート前のピン川に架かる歩行者専用の橋があり、ワローロット市場へ。境内には民具を集めた博物館がある（入館無料）。
▶ MAP/P171-D2

ワット・ゲートの仏塔をお参りするときは仏塔横の干支の人形をお祀りして。特に戌年生まれの人がお参りすると大きな徳が積めるといわれている。
▶ MAP/P171-D2

5.
River Side

The Gymkhana club Restaurant
ジムカーナー・クラブ・レストラン

| MAP/ P171-D4 | **RESTAURANT** |

シンボルツリーが圧巻の、緑豊かなゴルフ場でモーニング

ピン川の東側、ジャルーンラート通りを南へ1キロほどの場所にある『ジムカーナー・クラブ』は、1898年創業の歴史あるゴルフ場です。クラブハウス・レストランは会員以外も利用可能なので、風が心地よいレストランの庭で、爽やかなモーニングはいかがでしょう。涼しい木陰を作るのは、地域の保存樹木に指定されている樹齢120年以上のアメリカネムノキ。側に立つと、太い枝を上へ横へと張り出すエネルギーに圧倒されます。木の向こうにはグリーンが気持ちよく広がっています。

1. シンボルツリーは幹周り9メートル、高さ19メートル「この木なんの木〜♪」と同じモンキーポッド。
2. モーニングセット130B。日本語メニューもある。**3.** 昔から変わらない雰囲気が魅力。歴史あるゴルフ場はビジター利用も可。9ホール150B/18ホール250B。キャディー100B/200B。要予約。

DATA

🏠 349 Chiang Mai Lamphun Rd.
📞 0-5324-1035　🚫 無休　💳 不可　🕘 9:00〜21:00　※英語可

Column.2

チェンマイ2大名物麺料理、カオソーイ＆カノムジーン・ナムニヤオ

チェンマイで絶対食べて欲しいローカルメニュー、中華系ムスリムが伝えたカオソーイとタイヤイ族が伝えたカノムジーン・ナムニヤオ。

どちらもしっかり辛い！

Nam Ngiao ナムニヤオ

スプーンで麺を切りながら食べる。トマトベースのあっさりスープで豚の血の塊やドークニウ（キワタの花）のおしべ、パクチーが入る。別添えでライムや漬物、キャベツの千切りなど。

Khaosoi カオソーイ

スープはあっさり系もこってり系もある。牛肉と鶏肉が主流だが、豚やつみれもある。付け合せの小皿はライム、漬物、紫小玉ねぎなど。

今やチェンマイ名物として知られるカレーラーメン「カオソーイ」。ココナッツミルクのコクとカレー風味のバランスが絶妙なスープに、幅広の中華麺が絡みます。トッピングにカリカリの揚げ麺とお好みで漬物や紫小玉ねぎを。「カノムジーン・ナムニヤオ」は、米粉を発酵させて作る素麺そっくりの柔らかい細麺「カノムジーン」に、トマトベースのスープ「ナムニヤオ」をかけたさっぱりした一品。乾燥納豆の出汁が旨さの決め手です。具は主に豚肉で、「ドークニウ（キワタの花）」のおしべや豚の血の塊など、日本人にはちょっと不思議な食材が加わります。どちらもライムを搾って。カオソーイ屋では両方を出しているところが多いので、ぜひお試しあれ。

どちらも味わえる老舗3軒

カオソーイ・メーサーイ Khao Soi Maesai
▶ MAP/P170-A1

クリーミーなスープは在住日本人のファンも多い。本場チェンラーイ県のナムニヤオもおすすめ。カオソーイ40B、カノムジーン・ナムニヤオ35B。

🏠 29/1 Ratchaphuek Rd.
☎ 0-5321-3284
🛏 無休 ⏰ 8:00〜16:00

カオソーイ・ラムドゥアン Khaosoi Lamduan
▶ MAP/P171-D1

ウコンなどハーブの香りが豊かなこってり系スープ。漫画『美味しんぼ』にも掲載された75年の老舗。カオソーイ50B、カノムジーン・ナムニヤオ40B。

🏠 352/22 Charoenrat Rd.
☎ 0-5324-3519
🛏 無休 ⏰ 9:00〜16:30

サムージャイ Samoe Jai
▶ MAP/P169-C1

アヒルの卵入り、きしめん状の自家製卵麺が名物の人気店。北部料理も味わえる。カオソーイ40B、カノムジーン・ナムニヤオ35B。

🏠 391 Moo2 Charoenrat Rd.
☎ 0-5324-2928
🛏 無休 ⏰ 8:00〜18:00

6.
River Side

Kanomjean ThaPhae 100phii
カノムジーン・ターペー・ローイピー（100年ナムニヤオ食堂）

| MAP/ P171-C2 | **RESTAURANT** |

100年前からチェンマイ人に愛されてきたナムニヤオ

カノムジーンにかける汁は数種ありますが、チェンマイの人が大好きなのがナムニヤオ（P34）です。こちらは約100年前からタイヤイ族（P8）の先祖がワローロット市場で売っていたナムニヤオの味を受け継ぐお店。前日から炭火で煮込んだスープは隠し味の乾燥納豆とトマトのうまみたっぷり。タイでは麺をすする習慣がないからか、ぬるめの麺を出す店が多いですが、この店はいつも熱々なのも嬉しいところです。バナナの葉の蒸しご飯、カオニヤオもどこかほっとする味です。

1.左からいつも元気なシーワンさん82歳、サーイユットさん75歳、4代目のグンさん。**2.**昔ながらのチェンマイの味を守り続けている。辛さは控えめ。**3.**炭火を使う店は貴重。大鍋一杯分が売り切れたら終わり。

DATA

🏠 49 Cham Moi Rd., Soi2
☎ 0-5325-2892　休 日曜
🕐 8:30〜15:00

Khaosoi Papai

カオソーイ・パーパイ

| MAP/ P171-D2 | **RESTAURANT** |

一番人気はカオソーイ・ヌア（牛肉）。昼過ぎに売り切れることもある。牛肉も鶏肉も細切れにして
煮込んであるのでしっかり味がしみこんでいて美味。平麺ではなく丸っこい生麺。トッピングも揚げた
て。スープは辛さ控えめでさらりとしたあっさり系。一杯35B、大盛り40B。

子どもにも人気。相席しても食べたい、昔ながらのカオソーイ

チェンマイ人の作るパンチの効いたカオソーイと、ジンホー（中華系ムスリム）のカオソーイとでは麺もスープもまるで別物のような差があります。辛いのが苦手であっさり味が好みなら、ジンホーのカオソーイがおすすめ。この店はムスリムの人たちが多く住むワット・ゲート裏手にある老舗カオソーイ店で、昼時は地元客で賑わいます。具は牛と鶏肉の2種類。8時間も煮込むスープは最後まで飲み干せる美味しさです。

パイおばさんがジンホーのご主人とカオソーイ店を始めたのは約40年前。娘さん夫婦と一緒に昔ながらの味を守り続けています。

1.ひと口サイズの焼売は8個で20B。お腹に余裕があれば、ふわふわ生地のチキンまんや緑色のタイ・カスタードまん（各10B）もおすすめ。**2.**ローカル度満点の店内。日曜のお昼は近所のムスリムの学校の生徒たちでいっぱいに。セルフのお茶もある。**3.**早目の時間に行くとゆったり座れる。

DATA

🏠 Bamrungrat Rd., Soi2
☎ 0-5326-0929　㊡ 無休　🅒 不可
🕐 9:00〜15:00

Column.3

チェンマイのカフェブーム

10年ほど前から止まるところを知らない
チェンマイのカフェブーム。
その実力も雰囲気も目を見張るものがあります

　チェンマイなどタイ北部はアラビカ種の産地。1960年代にタイの王室プロジェクトなどにより、山岳部のケシ栽培の代替作物としてコーヒー豆の栽培が始まりました。アラビカ種のフレッシュ・コーヒーを出すカフェが増え始めたのは10年くらい前から。その後もカフェブームは続き、街には小さなスタンドからチェンマイ発祥のチェーン店、フォトジェニックなカフェや、自然豊かな郊外のカフェ、24時間営業のノマドカフェなど、様々なタイプのカフェが数多くあります。入れ方や焙煎にこだわり、国内外のコンテストで優勝するバリスタも続々と登場し、本当に美味しいコーヒーが気軽に飲めるようになりました。ハイシーズンには、街のあちこちでコーヒー関連のイベントが開催され、チェンマイのカフェブームの勢いは増すばかりです。

左上/ラテアートでタイ1位を受賞したバリスタの店。黄色いトレーラーで販売する屋外移動可能なカフェ。　右上/チェンマイ発祥のチェーン店『ワーウィー』。ピン川沿いで好立地。　左下/『シープラカート』(P49)。コーヒーイベントには、個性的なバリスタやコーヒー好きが集まる。　右下/1杯ごとにドリップで入れてくれるお店も増えた。

『シープラカート』のコーヒーのイベントにて。個性的なコーヒーを入れるバリスタ。

Gateway Coffee Roasters
ゲートウェイ・コーヒー・ロースターズ

| MAP/ P171-C2 | **CAFE** |

ターペー通りの喧騒の中、コーヒーの香りを堪能する

ターペー通りからチャンモイ通りへ抜ける通り（ソーイ2）に面した古い建物の入り口から2階へ。積み上げられたコーヒー豆の袋を横目に店内へ入ると、そこには今と昔が入り混じった空間が広がります。バリスタ兼焙煎士のティーさんは、市内にスタイリッシュなカフェを幾つも展開中。各店のコンセプトに合わせたブレンドがあり、焙煎時には通りにまでコーヒーの香りが漂います。おすすめはゆっくりと豆の旨みを抽出した水出しコーヒー。ベランダで街の音や風を感じつつ過ごす夕暮れは最高です。

1.アイスコーヒー120B。日差しが和らいだらベランダ席がおすすめ。斜め向かいにはマハーワン寺の仏塔が見える。**2.**ギャラリーのような通路。写真の反対側にはチェンマイやチェンラーイ産のコーヒー豆がストックされている。**3.**ターペー通りは古い建物を生かしたお洒落な店が増えている。

DATA

🏠 306-308-310 Chang Moi Rd., Soi 2
📞 08-3680-5593　🈷 無休　🅲 不可　🕘 9:00〜18:00　※英語可

Woo Cafe -Art Gallery- Lifestyle Shop

ウー・カフェ -アート・ギャラリー- ライフスタイル・ショップ

| MAP/ P171-D2 | **CAFE** |

花が溢れる古民家カフェで、ショッピングとアート観賞も

築80年の木造古民家に一歩足を踏み入れると、そこにはトロピカルな花とグリーンでいっぱいのフォトジェニックな空間が広がっています。

コーヒーやケーキはもちろん、彩り鮮やかな洋食やタイ料理も味わえ、昼時はいつも満席。今やこのエリアきっての人気店といえるでしょう。陶器や木製の食器、天然素材のコスメや衣類などの生活雑貨のショップあり、タイの若手絵画作家のアート作品を展示したギャラリーありと、もはやカフェというカテゴリーに収まりきらないお店です。

1.花屋かと思うほど花々が飾られている。**2.**絵画作品も飾られている。2Fギャラリーでは年に4回企画展を開催。**3.**もち米にマンゴーをのせたスイーツ、カオニャオ・マムアン220Bは、ココナッツソースをかけて食べる。マンゴーアイス付き。**4.**美しい盛り付けのタイ料理。

DATA

🏠 80 Charoenrat Rd.
☎ 0-5200-3717　㊡ 無休　© 可　🕙 10:00 〜 22:00　※英語可

Khagee
カジー

| MAP/ P171-D3 |　　CAFE　　|

丁寧に入れたコーヒーと、愛情のこもった天然酵母パン

オーナーのテムズさんがブレンドするコーヒーは、タイの豆をベースに、エルサルバトル、ブラジル、エチオピアの豆を使用。ほんのりショコラが香ります。カウンターのショーケースにきれいに並ぶ天然酵母のメロンパンやバゲット、マフィンと一緒にどうぞ。オーナー自ら古民家をリフォームした空間は、隅々まで気が配られていて、心地良く過ごせます。ただし、人気店なので開店時を狙うのがいいかも。カーテン越しにナワラット橋が見える窓際の席に座れたらご機嫌です。

1.右から時計回りに、ラテ85B、ラズベリーマフィン70B、カヌレ60B。**2.**店主テムズさんが丁寧に入れてくれる。**3.**アンティークの家具と白い壁にダリの絵がかかったシンプルな内装。**4.**元は散髪屋だった古い店がお洒落なカフェに。**5.**運がよければ店のアイドル、ウィペット犬のジジ君に会えるかも。

DATA

🏠 29-30 Chiang Mai-Lamphun Rd.
📞 08-2975-7774　🏠 月・火曜　🅲 不可　🕙 10:00〜17:00　※英語可

Column.4

昔コーヒー、カフェー・ボーラーン

チェンマイの人には昔懐かしい、
旅行者には THE ローカルの
味わいが楽しめる
"カフェー・ボーラーン"。
旅の途中に見つけられたら
チェックしてみて

　20年くらい前、私がタイに来たばかりの頃は、チェンマイでコーヒーといえばインスタントコーヒーか、屋台でビニール袋に入れてもらう冷たい「オーリエン」、または砂糖とコンデンスミルクがたっぷり入った「カフェー・ボーラーン」でした。「ボーラーン」とは「昔」のことで、「昔のコーヒー」という意味です。コーヒー豆（ロブスタ種）のほかにトウモロコシや大豆、ゴマ、タマリンドの種などを焙煎したものを混ぜています。レギュラーコーヒーが普及して、以前ほど見かけなくなったカフェー・ボーラーンですが、苦くて甘い、どこか懐かしい味は今でも愛され、朝の市場などで屋台が出ています。

上・下/チェンマイ門市場前でカフェー・ボーラーンを売って40年の『サバー・カフェー・パーレック』（6:00〜10:30）は布でこして入れる。砂糖とコンデンスミルクがたっぷりで15B。中国茶のサービスが付く。▶ MAP/P171-C3

チェンマイ門市場の朝の屋台。カフェー・ボーラーンで1日のスタートをきる。▶ MAP/P171-C3

Somnuek Kopi
ソムヌック・コーピー

| MAP/ P171-D4 | **CAFE** |

カフェー・ボーラーンで「チェンマイ時間」を満喫する

　高床の木造家屋の下をコーヒー色の川が流れる……なんだか昔のチェンマイに紛れ込んだような風情があるカフェです。オーナーのソムヌックさんは、昔からタイで飲まれてきたカフェー・ボーラーン（P42）を20年以上提供。自転車で売り歩いていた頃から人気があり、王室にも献上したことがあるのだとか。店内には当時の自転車コーヒー屋台やレトロな生活雑貨が並んでいます。風が通る東屋風の作りや座敷タイプの席もあり、ゆるやかな時間が流れています。

1.古道具商もしていたこともあるからか、昔の看板やおもちゃなどが所狭しと並ぶ。**2.**床下にはピン川の用水路。カフェー・ボーラーン30Bのお供は、定番の練乳がけトースト30B。**3.**昔ながらの古い木造の民家。来店時はしっかり虫除け対策をして。

DATA

🏠 176-178, Chiang Mai-Lamphun Rd.
📞 08-1575-4338　休 無休　C 不可　🕐 9:00〜17:00　※英語可

Column.5

タイ北部の伝統、お茶を味わう

標高の高いタイ北部の山岳部にはお茶の木が自生し、
発酵させた茶葉を食べる文化があります。
その味わいや、いかに！？

発酵茶ミヤン20B。ココナッツやショウガ、シロップ付きもある。1年以上発酵させたものが美味。チェンマイ門市場にて早朝3:00〜10:00営業。

カレン族やアカ族の村で飲まれているお茶。生の茶葉を大きな鍋で加熱し、天日干しにする。

昔ながらのビニール袋入り。

オレンジ色のチャータイ15B。

　一部の山岳民族や中華系タイ人には喫茶の習慣がありますが、大多数のタイ人の家ではあまりお茶は飲まず、もっぱら水。お客さんも冷たい水でもてなします。その代わり、タイ北部では茶葉を蒸してから発酵させた「ミヤン」と呼ばれる発酵茶を食べる習慣があります。独特の酸味と渋みがあり、ガムのように噛んで味わいます。

年配の方の嗜好品ですが、市場では今も売られています。
　また、「チャータイ」と呼ばれるタイのミルクティーは、タイ北部の茶葉を使用。バニラの香りとオレンジ色が付けられ、ミルクと砂糖がたくさん入ったとっても甘い飲み物ですが、暑い日にこれを飲むと、なぜか疲れが吹き飛ぶような気がします。

Monsoon Tea
モンスーン・ティー

| MAP/ P171-D1 |　　　**CAFE**　　　|

世界で認められた、タイ北部のお茶を楽しむ

　ヨーロッパで世界の茶葉を扱ってきたオーナーのケニスさんが、タイ北部の原種に近いお茶を飲用として生産販売するお店。森の肥沃な土壌で育つため、肥料は必要なし。虫も付きにくいので自然とオーガニックになるそうです。ドライフルーツやタイハーブをブレンドしたトロピカルなフレーバーティーは心からリフレッシュできます。北部料理を中心とした料理もあり、特に生の茶葉や発酵茶葉を使ったメニューは、身体にも良く、茶葉の風味が生かされた味付けになっていておすすめです。

1.色彩がきれいなインテリア。**2.**ブラック、グリーン、ウーロンのストレートでも、フレーバーティーでも。ホットは80B～。原種の茶葉は250B～。チェンマイ近郊で採れたお茶6種がミラノの品評会で受賞。**3.**豆腐と発酵茶葉のフライ150B。**4.**茶葉は量り売りしている。『ワン・ニマーン』（P95）の支店でも販売。

DATA

🏠 328/3 Charoenrat - Rattanakosin Rd.
📞 0-5200-7758　🈺 無休　🅒 可　🕙 10:00～20:30　日曜11:00 ～18:00　※英語可

Raming Tea House Siam Celadon

ラミン・ティーハウス・サイアム・セラドン

| MAP/ P171-D2 | **CAFE** |

観光の途中に訪れる欧米人観光客が多い。ちょっぴりプライベートな空間で、おいしいお茶と旅のひとときを。

セラドンで味わう、チェンマイのオーガニックティー

ターペー通りの中ほどにラーンナー・コロニアルの白い洋館があります。1階手前は『サイアム・セラドン』のショールーム。「セラドン」とはチェンマイで作られている青磁の焼き物です。翡翠色の釉薬が植物の彫り模様に涼しげな陰影をつくります。
奥にある『ラミン・ティーハウス』では、チェンダーオ郡のラミン川周辺の森で育つ薫り高いお茶や、一味違うタイ料理をセラドンの器で味わうことができます。ぽってりと丸みのある大らかな器に、南国の料理がよく映えます。中庭もあり、ターペー通りの喧騒からは想像できない静かな雰囲気でお茶を楽しめます。

1.1915年に建てられ、その保存状態の良さから王室やチェンマイ市などから表彰を受けている。**2.**セラドンのティーセットで味わうラミン・ブラックティー75B。ラピスハーブケーキ70B。**3.**ラミンティーの茶葉で入れるタイティーも人気85B。**4.**模様が美しいセラドンのボウル180B。**5.**サイズがいろいろあって使いやすい皿100B〜。ボウル120B。**6.**専用の器に盛られる生春巻き120B。

DATA

🏠 158-162 Tha Phae Rd.
📞 0-5323-4518　🈑 無休　🆑 可
🕐 8:30〜17:30　※英語可

47

14.
River Side

Good Health
グッド・ヘルス

| MAP/ P171-C3 |　　**SHOP**　　|

チェンマイらしい自然派グッズは、ここでチェック

　約20年前に人と自然の環境を配慮した健康食品＆グッズの店としてオープン。チェンマイにあるナチュラル志向のグッズを販売するお店の中でも、先駆け的な存在です。店内にはハーブティーなどの健康食品からシャンプーや石鹸、アロマグッズのほか、日本でも人気のモリンガオイルなどの美容グッズまでずらりと並び、その品揃えの良さには定評があります。滞在中にタイハーブの石鹸を使ってみたい人には使いきりサイズの小さな石鹸がおすすめ。気に入ったらお土産にどうぞ。

1.ハーブ製品もいろいろ。手前から時計回りに足湯用のハーブパック30B、肩こりや虫刺されに効くグリーンオイル75B、レモングラスの蚊よけスプレー59B、お洒落なパッケージの香取線香39B、美肌効果があるといわれるマンゴスチンの皮入り石鹸など42B～。バタフライピー（チョウマメ）の青い花のお茶45B。**2.**ハーブの香りが漂う店内。**3.**種類ごとにコーナーが分かれていて見やすい。

DATA

🏠 48/4-5 Sridonchai Rd.
☎ 0-5320-6888　🈳 無休　💳 可※300B以上　🕐 月～土9:00～18:00、日曜9:00～17:00

Sriprakad
シープラカート

| MAP／P171-D3 |　　**OTHERS**　　|

衣・食・住・アート。川辺の小さなコミュニティースペース

　ナワラット橋のそばにある元ホテルの古い建物が再利用され、チェンマイのちょっとユニークな場所になっています。毎年、12〜1月頃に、カフェやハンドクラフトのマーケット「SRIPRAKARD ICHI」が開催されるほか、食や工芸のワークショップ、演劇や写真展などのアートイベントも行われます。元客室を生かし、一部屋ごとに趣向を凝らした展示が面白いです。不定期でチェンマイのオーガニックのお茶ブランド「Tea-kari」が出店することもあるので、要チェックです。

1.1905年に建てられた歴史ある建物。イベントの収益は修繕にあてられる。**2.**多目的に使えるスペース。**3.**藍や草花で糸や布を染め、動植物をモチーフにしたテキスタイルのブランド「Rendee Design」のワークショップのひとコマ。

DATA

Sriprakad　　🏠 35 Chiang Mai-Lampun Rd.
　　📞 0-5324-4340　🈺 不定休　🅲 不可　🕙 11:00〜17:00　※英語可

Nussara
ヌサラー

| MAP/ P171-D2 |　　**SHOP**　　|

織物の里メーチェムから、ぬくもりの手織り布

　ジャルンラート通りの木造長屋を入ると、まるで山里に紛れ込んだような空間が広がっています。オーナーのヌサラーさんは、市内から車で約3時間、メーチェム地方で織られている伝統的な織物を保護し、普及させる活動をして30年になるそうです。複雑な刺繍織りの他に、山岳民族の手縫いの服、手織りのショールやラワ族の貫頭衣、ヤオ族の刺繍が入ったタイパンツなども要チェック。チェンマイに住むそれぞれの民族に伝えられてきたテキスタイルの魅力を生かしつつ、モダンに仕立てられているので、ぜひ普段のお洒落に取り入れてみて下さい。

1.ショップは築80年の古民家の奥に続いている。 **2.**3軒並ぶ木造長屋。 向かって左が入り口。 奥へ続いている。 2Fはクラフトをテーマにしたギャラリースペース。 **3.**バロン族の伝統刺繍が入った伝統衣装。 房がポイント。 1200B。

メーチェム地方の伝統的な刺繍織りの柄が入った枕。インテリアにも。900B〜。

DATA

🏠 66 Charoenrat Rd.
☎ 08-8261-3969 休 無休 C 可
🕐 10:00〜20:00 ※英語可

Vila Cini
ヴィラ・チニ

| MAP/ P 171-D2 |　**SHOP**　|

養蚕からシルク加工まで、全てメイド・イン・チェンマイ

築150年ほどの趣のある建物へ入ると、ショールやピローケースなどのシルクの生地が色鮮やかに目に映ります。印象派の絵画の色をヒントにしているそうですが、どこか南国を思わせる発色の良さが特徴です。男性用コットンシャツを販売する「オリエンタル・スタイル」のショップには中庭で繋がっています。また、店を出て右手に行った突き当たりにヴィラ・チニの『アートヴィレッジ』があるので、散策がてらアクセサリーショップやカフェをのぞいてみてください。

1.小さなテディーベアとセットのバッグ。ギフトにも喜ばれそう。1500B。**2.**身につけると南国の空気を纏うようなカラー。ショール1200B〜。**3.**シルクの光沢がお部屋にエレガントな華やかさをプラス。ピローケース1500B〜。**4.**店から徒歩3分の場所にあるアートヴィレッジにはカフェも。大きなタマリンドの木が目印。

DATA

🏠 30, 32, 34 Charoenrajd Rd.
☎ 0-5324-6246　㊡ 無休　© 可　⌚ 8:30〜21:00　※英語可

要チェック！

チャーンモイ通りの籬家具＆雑貨店エリア

ワローロット市場へ行く途中、家具屋やコットンの洋服屋が多いチャーンモイ通り。
ここには籬家具や籬雑貨の専門店エリアがあり、
良質なライフスタイル雑貨が揃っています

街を見ていて少し不思議なのが、一軒人気の店が登場すると、すぐ隣に同じ商品を販売する店ができること。この通りの籬家具店もそんな風に増えたのでしょうか。商品や値段を比較して、納得のいくお気に入りを見つけてください。お土産に人気の籬のかごやウオー

ターヒヤシンスのスリッパは網目模様の風合いが涼しげ。小さな籬椅子や丸いカントーク（食台）は丈夫で、使い込むほどに風合いが増します。見ていたら欲しくなるので、荷物がかさ張ると困る人は行かないでください（笑）。

右上／コースターも涼しげ。35B〜。下／5、6軒ある籬家具・雑貨店の中で一番古い店は創業50年。ひと昔前までは、買い物に市場へ行く時は、籬のかごを持っていくのが当たり前。最近は昔ながらの生活雑貨が見直されている。日本への配送手配も相談可。　▶MAP／P171-C2

Column.7

タイのハーブ＆スパイスを日常に

めまいや車酔いをすると必ず誰かが
「ヤードム（嗅ぎ薬）」や「ヤーモン（塗り薬）」を鼻先に持ってきてくれます。
小瓶の口からスーッとした清涼感とともに
スパイスやハーブの独特の香りが漂い、気分が良くなります。
タイの人にとってハーブやスパイスは食べるだけでなく、
嗅いだり皮膚につけたりして体を整えるとても身近なものなのです

サラーモン・オーソッド

Saramong Osod
▶ MAP／P171-C2

創業70年のタイヤイ式伝統ハーブ薬
店。店頭の屋台ではあったかい健康ドリン
クが1杯5Bで飲める。効能は滋養強壮、
背中や腰の痛みの緩和、腸内ガスの排出
など。主な成分はショウガやディープリー、
プライ、黒胡椒などで、味はピリッと辛くて
甘みがあり、生姜湯のよう（※妊婦は控え
ること）。地元常連客との相席も楽しみの
ひとつ。

🏠 191 Thaphae Rd.
☎ 0-5328-2297　🏠 不定休　🅲 不可
🕐 6:00〜17:00(目安)※英語可

ラタナーさんが入れてくれ
る。1日2杯飲む人も。

上／タイヤイの健康飲料ナムヤー
タート5B。左／スパイスを詰めた
店の手作りヤードム40B。

手前から左へ、喉の痛みに効く喉飴（梅・ミカン
味）20B。食欲をそそる香りのラープのスパイス30
g15B。焼き飯に少し加えても美味。ガラムマサラ
10g25B。他にも袋のイラストが気になる薬や、そ
のまま煮るハーブなど。

イー・エー・
ラッタラーム・ワーラー

E.A Ratlam Wala
▶ MAP／P171-D2

タイ伝統医療のハーブ専門店。インドネ
シアや中国、南タイから仕入れるスパイス
や数百種のタイハーブが入った缶が並ぶ。
チェンマイの人は祖先から伝わる独自の処
方があり、その処方箋通りにハーブを調合
してくれる。お料理好きの人は、ガラムマ
サラや10種のスパイスを調合したラープ・
ムアン（P74参照）のスパイスなどを量り
売りしてもらおう。

🏠 54-56 ChangMoi Rd.
☎ 0-5323-5611　🏠 日曜　🅲 不可
🕐 9:00〜17:30(目安)

Kasem Store
ガセム・ストア

| MAP/ P171-D2 | **SHOP** |

創業50年、老舗ベーカリーのタイ風菓子パン

　毎日50種類以上のパンやお菓子が並ぶ老舗ベーカリー＆輸入食材店。90歳で現役のギーおばあさんによると、創業当初、タイの国王がチェンマイを訪問する際はいつも王室専属シェフが食材を仕入れに店を訪れたそうです。そのシェフから伝授され たレシピの1つがココナッツフレークがぎゅっと詰まったお菓子「カノムパン・サーリー」でした。他にもタイの鶏卵素麺「フォイトーン」や豚でんぶ「ムーヨーン」＆チリペーストが入ったパンなど、タイならではの菓子パンも味わってみて。

SHOP

1.手前右はココナッツフレークが香ばしいカノムパン・サーリー35B。手前左はお惣菜パン感覚のムーヨーン入り59B。左上のクッキー60B は多種。右上はアヒルの卵でできた鶏卵素麺にバターがじゅわっと染みたフォイトーン入り60B。**2.**ショーケースの中も要チェック。ココナッツロールパン18B。**3.**ギーおばあさんに会いに来る客も多い。1969年から地元民にも在住欧米人にも愛される店。

DATA

🏠 19 Rachawong Rd.
📞 0-5323-4986　🏠 日曜　© 可　🕐 8:00〜20:00　※英語可

Column.8

チェンマイ・市場探検！1
——— 最大の市場街、ガート・ルアン ———

チェンマイ最大の市場街「ガート・ルアン」で、
暮らしが見える日用品やチェンマイの特産品の中から、
ローカル度満点のお土産を見つけよう

ワローロット市場1Fは特産品売り場。市場出身の現代アーティスト、ナウィン・ラワンチャイクンのガート・ルアン100周年を記念した作品が飾られている。

ワット・ゲート前の歩行者専用橋を渡ると、すぐそこはトンラムヤイ市場とワローロット市場です。隣接するテーサバン市場、ナワラット（オージンヘン）市場を含め、地元の人からは「ガート・ルアン」と呼ばれ親しまれています。「ガート」は北部弁で市場、「ルアン」は大きいという意味で、その名の通りチェンマイ最大の市場には、100年以上前、天秤棒を担いだ人たちがラムヤイ（龍眼）の木の下で商売を始めてから今日まで、チェンマイ人の生活を支えてきた歴史があります。ワローロット市場だけでもとにかく広いので、お茶をしたりアイスを食べたり、適度に休憩しながら歩いてみてくださいね。

DATA　　　　　　　　　　　　　　　　▶ MAP／P171-D2

🕗 8:00〜18:00（16:00頃には閉店モード）
　※開店は生鮮屋台は6:00頃、ショップは8:00から10:00と店によって営業時間が異なる。

ココナッツアイス＋
もち米in
食パンサンド20Bもぜひ！

チェックの万能布
パーカオマー

チェンマイキャラメル
「ガラメー」

カラフルな雑貨

チェンマイ花市場

テーサバン市場※卸

駄菓子や
おもちゃ屋

ナワラット(オージンヘン)
市場※卸

チェンマイ大通り

イー・エー・ラッタラーム・ワーラー(P54)

果物

いつも頭に果物や
玉ねぎをつけている
お菓子売りの
おばあちゃん

インド系生地屋

④カノムダイ・
タイバンダイ

トンラムヤイ市場
（日常雑貨・乾物）

関帝廟
（サーンチャオ・クアンウー）

⑤ランプーン・パーオ

ワローロット市場

③ダムロン

⑦ゴーネン

リス族小物

②チャンタワット

ワローロット市場の
班は民族衣裳屋

昔ながらの子供服や
民族衣裳もかわいい！

まるごと！
やしの実ジュース

⑩モン族市場

タメルコーヒー

モンパンツ

①チェンマイ・
プラスチック

②リンラヤ

③ナムフォン

キッチュな
お土産探し

チェンマイ・プラスチック

Chiangmai plastic

ステンレスやメラミンの食器、カラフルなプラスチックの台所用品、文房具、手芸用品などにかく種類が豊富。キッチュなお土産が見つかるかも。

休 無休　　⏰ 8:00〜18:00

リンラヤ

Rinlaya

肌触りの良いコットンやヘンプ生地の風を通すブラウスやパンツは日本でも大活躍。半分は生地屋で20着以上から縫製も。1m85B〜。

休 4月13〜15日、年末年始　　⏰ 8:00〜17:30

Kad Luang
Spot 3

Kad Luang
Spot 5

ナムフォン　Namfong

チェンマイ雑貨のボンボン・ブームのルーツはリス族の民族衣装にあり。元祖リス族のボンボン屋。キーホルダー20B〜。

㊡ 不定休　☎ 8:00〜16:30

チャンタワット　Chanthawat

ホウロウ食器はトンラムヤイ市場にもあるが、品揃え豊富で対応も親切なのがここ。50年以上続く老舗ならではのデッドストックも多く、安い。3代目店主にこの本を見せたらサービスあり! カップ100B、デッドストックのボウル80B〜。

㊡ 日曜　☎ 10:30〜18:00

Kad Luang
Spot 6

ランノック・パープン　Rangnok Paa Bung

華僑が多いエリアの中華あんみつ「タオトゥン」の小さな屋台。銀杏や蓮の実など9種の具を龍眼シロップ20Bで。寒い日は熱々を。

㊡ 日曜　☎ 10:00〜16:00

Kad Luang　Spot 4

Kad Luang
Spot 7

くるみボタン屋台　Spot 4
Saaipim

お気に入りのリボンや端切れを持っていくと1時間くらいでくるみボタンを作ってくれる。1個1B〜。丸型花型、大きさも色々選べる。

㊡ 日曜　☎ 8:30〜18:00

ゴーネン
Ghonen

豆乳屋。パートンコーという揚げパンが恐竜やゾウ、ワニ、ドラゴンの形をしてユニーク。楽しい朝食をどうぞ。30B〜。

㊡ 不定休　☎ 6:00〜11:00

Kad Luang
Spot 8

カノムタイ・タイバンダイ
Khanomthai Taibangdai

その名も階段下のタイ菓子店。おすすめは白と緑が層になった「カノムチャン」やタイのカスタード「モーゲン」各10B。

休 日曜　営 9:00～17:30

Kad Luang
Spot 9

ダムロン
Damrong

行列ができる豚の唐揚げ屋。サイウア（P74）100g50Bはお肉たっぷり。黒もち米とナムプリック・ヌム（P74）と。混むので早めに。

休 日曜　営 6:00～18:00

毎年お正月に晴れ着を着るため、市場でも店番をしながら刺繍を刺す姿がみられる。

Kad Luang
Spot 10

モン族市場
Hmong market

ワローロット市場裏手の、モン族の民族衣装の古着や古布で作った雑貨を販売する市場。ベトナム、ラオス、中国雲南省、そしてタイに暮らすモン族のネットワークによって、国境を越えて集まってくる布には、クロスステッチやバティック、パッチワークを駆使して、幾何学模様や渦巻模様、鳥や花などの模様が描かれている。20年ほど前から始まった市場だが、当時に比べ細緻な手仕事による古布は少なくなり、代わりに中国産の機械刺繍が増えているので、これは！という出合いがあったら即買いを。

休 無休　営 8:00～19:00

左/藍染めに細かいバティックの模様が美しい。元はプリーツの入ったスカート。250B～。右/渦模様が特徴的。模様にはモン族の価値感や信仰心が込められている。

おぶい帯の丁寧な手仕事も素敵。

Column.9

We love Market Jing Jai Market

チェンマイ・市場探検！2
── JJマーケット ──

ファーマーズマーケットに、お洒落なハンドメイド雑貨や
手作りフードを販売する屋台が加わり、
幅広い層に人気があるマーケットです

　旧市街の北西の角からスーパーハイウェイに向かって約2キロ。普段は骨董品のお店が並ぶJJマーケットの一角で、毎週土・日曜の午前中に定期市が開催され、チェンマイ市民や外国人観光客の人気を集めています。もともとは土壌や水質の検査を通った安全な野菜や果物を生産者が直接販売する市場から始まり、さらに、広場入り口付近に、ハンドメイド雑貨やユニークな飲食屋台のRustic Market（日曜）と古着やアンティークなどを販売するHobby Market（土曜）が開催され、一層魅力を増しています。食事ができるコーナーもあるので、朝ごはんがてらに出かけてみてはいかがでしょう。

左上・右上/有名なベジタリアン料理家のターおばさんのお店は、ファーマーズ・マーケットの右手奥に。混雑するので7時頃には行きたい。右下/ナムプリック・ヌムとナムプリック・オン（P74）。10B。左/ターおばさんの豆腐とのりの竜田揚げ。甘辛いタレが絡み、魚を食べているみたい。

朝食を食べる人で賑わう。

お店の人も楽しんでいるのが伝わる。

もち米やお惣菜はバナナの葉に包んでくれるので、お皿代わりに。この日の朝食は手前左から時計回りに、豚の煮こごり、果物とチャパルー葉のサラダ、タマリンドの若芽サラダ、豆腐の魚もどき竜田揚げ。

左/店主とのやりとりも楽しい。ヘナアートの店。右上/「チューチャイ・コーヒー」が人気。地元のお客さんに混じって味わうオーガニック・コーヒー。料金はお客さん次第。右中/店主も刺繍もかわいい。普段はお店を持たず、週末だけ販売する人も多い。右下/ミュージシャンによるライブ演奏も。

DATA   ▶ MAP/P169-C1

住 45 Atsadathon Rd., Pa Tan
営 ファーマーズマート6:00〜13:00（11:00頃には片付けはじめる店も）
　Hobby Market土曜7:00〜13:00、Rustic Market日曜7:00〜13:00
　※日曜日の方が店も客も多い。ポリ袋はないので、買い物袋持参で。

Column.10

Chiang Mai

We love Market 3 Fridaymarket

チェンマイ・市場探検！3

金曜市場（バーンホー市場）

毎週金曜日の早朝、
ナイトバザールのあるチャーンクラーン通りから少し入った
モスクの向かいの広場に立つ市場。
日本の食文化にも通じるどこか懐かしい市場です

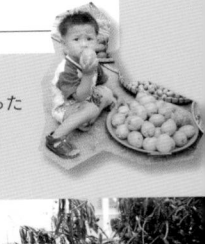

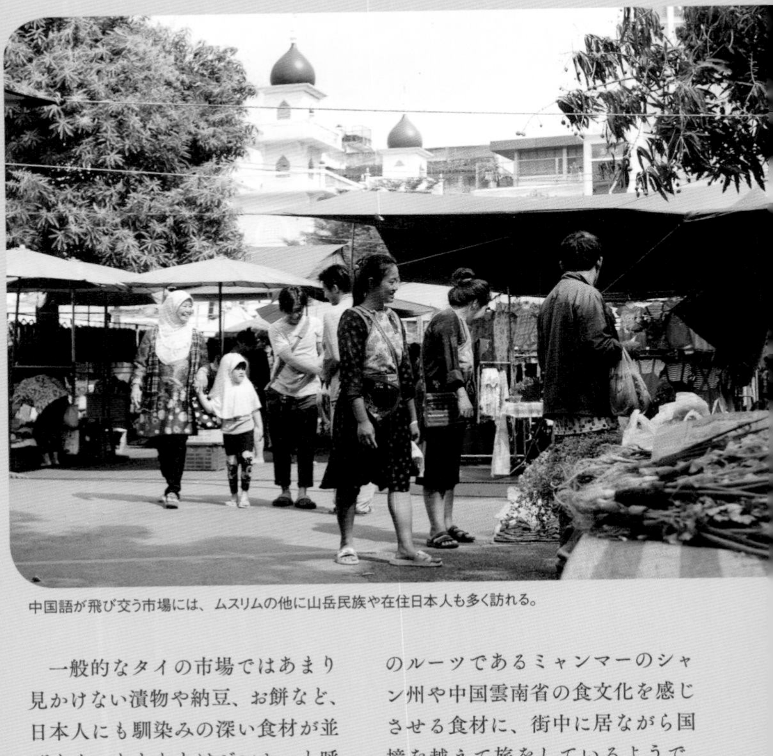

中国語が飛び交う市場には、ムスリムの他に山岳民族や在住日本人も多く訪れる。

一般的なタイの市場ではあまり見かけない漬物や納豆、お餅など、日本人にも馴染みの深い食材が並びます。もともとはジンホーと呼ばれる雲南系の中国人が開いた市場で、主にイスラム教徒のための食材を扱っていました。ジンホーのルーツであるミャンマーのシャン州や中国雲南省の食文化を感じさせる食材に、街中に居ながら国境を越えて旅をしているようで、見るだけでも面白いです。その場で食べられる屋台もあるので、ぜひ食べ歩いてみて下さい。

タイヤイ・ドーナッツ「カノム・ウェーン」。黒蜜をかけて。

カーオブック・ガー20B。平べったい黒もち米（白もち米もあり）の餅を炭火で炙り、ぷーっと膨れたらエゴマと天然蜂蜜、サトウキビのペーストをぬって、バナナの葉でくるっと巻く。寒い日は行列ができる。

左/タイヤイの納豆。 右/雲南漬物。長期保存可。いろんな種類があり、味見させてくれる。納豆漬けも美味。

左/つるつると喉越しが良い緑豆春雨は冷やし中華のような甘酸っぱい味付け。 中/独特のスパイスの香りの雲南ソーセージ。 右/南タイのお菓子で、フワフワの卵ケーキ。

DATA ▶ MAP/P171-D3

🏠 Charoenprathet Rd., Soi1 🕐 毎週金曜・午前3:00〜11:00

つるんとした食感の黄色い豆の豆腐。

Column.11

チェンマイ・市場探検！4
ムアンマイ生鮮食品市場

24時間チェンマイ人の胃袋を支える巨大な生鮮食品の卸売市場。
野菜や果物が山のように積みあがっている光景は圧巻

ガート・ルアンからピン川沿いに北へ10分ほど歩くと右側に果物屋台が並んでいて、そこを左に入ればムアンマイ生鮮食品市場です。タイ全国の様々な産地から生鮮食材が集まり、その量と安さにびっくり！ピン川沿いには24時間営業の店もありますが、活気に触れたい人は朝がおすすめ。他の市場に店を持つ人や食堂やレストランから買い付けに来る人でごった返します。ちなみに、川沿いの果物エリアは少量の購入にも対応しており、観光客に人気です。

これは食べたい！
旬の果物

果物の王様
ドリアン

タイ人も、中国人観光客も大好き！旬5〜7月。

果物の女王
マンゴスチン

少し柔らかいものが食べごろ。旬5〜9月。

サッパリ柑橘系なら
ソムオー

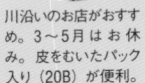

川沿いのお店がおすすめ。3〜5月はお休み。皮をむいたパック入り（20B）が便利。

やっぱり食べたい！
マンゴー

旬は3〜5月ごろの暑い季節だが、市場では様々な種類が1年中売られている。

----- 北部特産2大果物！ -----

ジューシーそのもの
ライチ

旬5〜7月。 雨季限定

後引くあまさ
ラムヤイ

旬7〜9月。 雨季限定

DATA ▶MAP/P171-D1

住 1/1 Winchayanon Rd.
営 24時間（店により異なる）

Chiang Mai

Old City

― オールド・シティー（旧市街）―

| MAP/ P170-B3 |

ほぼ正方形（一辺約 1.6km）の城壁とお堀に囲まれた旧市街には、
お寺や博物館、個性的なショップやカフェも多く、
日曜の夜はサンデー・マーケットで賑わいます。
路地では昔ながらの暮らしが息づき、散策するのに飽きません

Column.12

旧市街で寺巡り

旧市街には36カ所もの寺院（ワット）があります。
最も格式が高く、有名な観光スポットとなっているのが
ワット・プラシンとワット・チェディールアン。
その他、ほっと一息つける小さな名刹を巡ってみましょう

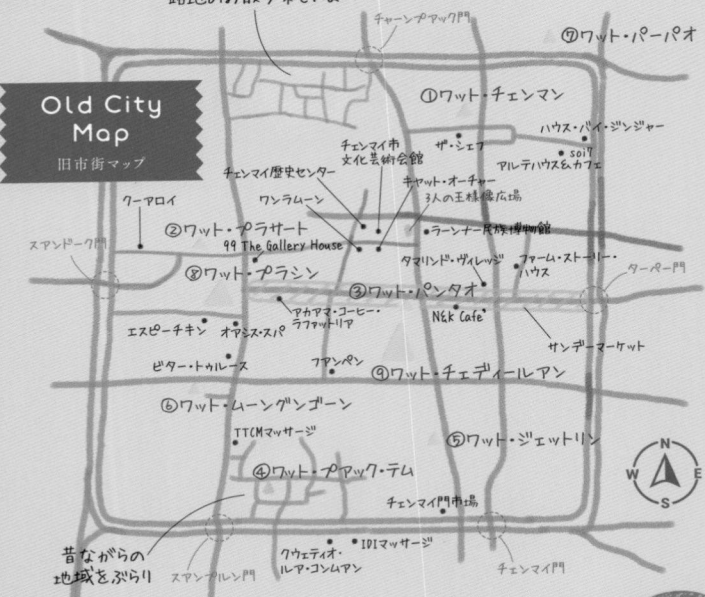

路地のお散歩楽しいよ

チャーンプアック門

⑦ワット・パーパオ

Old City Map
旧市街マップ

①ワット・チェンマン

ハウス・バイ・ジンジャー

チェンマイ市文化芸術会館

ザ・シェフ

soi7
アルテハウス&カフェ

チェンマイ歴史センター

キャット・オーチャー

ワンラムーン

3人の王様像広場

クーアロイ

スアンドーク門

②ワット・プラサート

99 The Gallery House

ラーンナー民族博物館

タマリンド・ヴィレッジ

ファーム・ストーリー・ハウス

⑧ワット・プラシン

③ワット・パンタオ

ターペー門

アカママ・コーヒー・ラフェットリア

N&k Cafe

エスピーチキン

オアシス・スパ

サンデーマーケット

ビター・トゥルース

フアンペン

⑨ワット・チェディールアン

⑥ワット・ムーングンゴーン

TTCMマッサージ

⑤ワット・ジェットリン

④ワット・プアック・テム

チェンマイ門市場

昔ながらの地域をぶらり

スアンプルン門

クウェティオ・ルア・コンムアン

IDIマッサージ

チェンマイ門

Old City

Spot 1

ワット・チェンマン
Wat Chiang Man　▶MAP/P171-C2

1296年、マンラーイ王が居住した場所に建立された旧市街で最も古い寺。本堂の壁にはチェンマイ建都の物語が描かれている。本堂に向かって右側の仏堂には、マンラーイ王がハリプンチャイ王国を攻めた時に火災から焼け残った水晶のセータンカマニー仏と、インドより伝わる大理石のシラ仏とが祀られている。

🕐7:00〜19:00

Old City

Spot 2

ワット・プラサート
Wat Prasat　▶ MAP/P170-B2

建て替えをした寺院が多い旧市街で、最
も古いラーンナー様式の本堂。後方に
繋がる仏塔形の建築物に本尊が納めら
れ、座るとその尊顔を拝見できる。
📞 7:00〜17:00

Old City

Spot 3

ワット・パンタオ
Wat Pan Tao　▶ MAP/P170-B3

国の伝統文化財に指定された本堂の12
本の柱や約100年前にチェンマイの王族
が寄贈した孔雀のレリーフが見事。ご本
尊のパンタオ仏は願いを叶えてくれるとか。
📞 7:00〜20:00

Old City

Spot 4

ワット・
プアック・テム
Wat Puak Taem　▶ MAP/P170-B3

仏堂や仏塔の先端の金属製の装飾や
飾り庇(ひさし)の作業場があり、小槌
とノミを使った作業風景を見学できる。周
辺にはかんざしや爪飾りの職人が住む。
📞 7:00〜17:00

Old City

Spot 5

ワット・ジェットリン
Wat Chedlin　▶ MAP/P171-C3

2005年に復興した寺。境内奥に大きな池がある。蓮の葉
が浮かぶ池は、その昔、チェンマイの王が即位の儀で沐浴
をしたとされる由緒正しい場所。カフェスタンドがあり、アイス
コーヒーを飲みながら寛ぐことができる。タイ正月には境内に
チェンマイで一番大きな砂の仏塔が作られる(P14)。4つ
の耳と5つの目を持つ不思議な動物「メーン・シーフー・
ハーター」の像も探してみて。
📞 7:00〜19:00

Old City

Spot 6

ワット・
ムーングンゴーン
Wat Mueng Nguen Kong
▶ MAP/P170-B3

小学校併設のローカルな寺
院。2009年公開の邦画「プー
ル」の舞台となり、訪れる日
本人が増えた。黄金の涅槃
(ねはん)仏とお堂のカラフル
な装飾とが撮影ポイントだが、
釘を使わずに修復されたラー
ンナー様式の本堂も密かな見
所。商いで成功しムーングンゴー
ン(山積みのお金)と改名
した村人が建立したといわれ、
金運UPの祈願に来る人も。
📞 7:00〜17:00

Old City

Spot 7

ワット・パーパオ
Wat Pa Pao
▶ MAP/P171-C1

18世紀後半、サーラウィン川
の東側から移り住んだタイヤイ
(シャン)族の寺。4月初旬の
得度式ポーイサーンローンは華
やか。境内にはタイヤイ麺の
屋台や民族衣装店も。
📞 7:00〜17:00

Old City

Spot 8
ワット・プラシン
Wat Phra Singh
▶ MAP / P170-B2

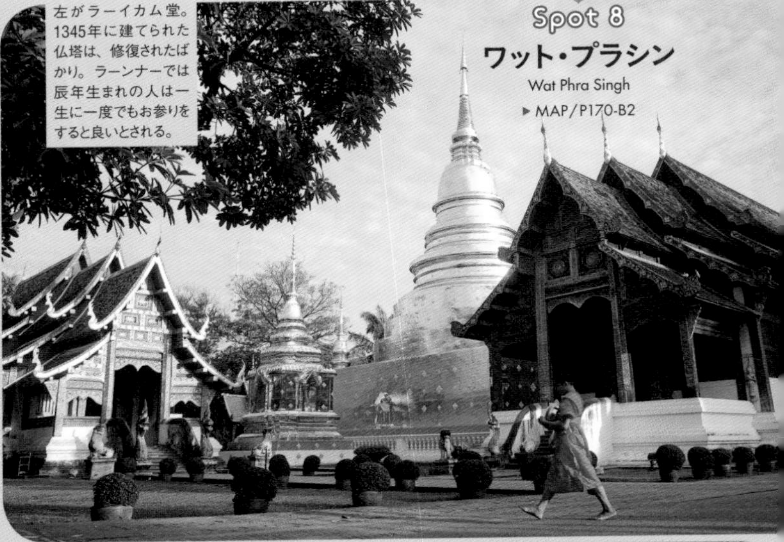

左がラーイカム堂。1345年に建てられた仏塔は、修復されたばかり。ラーンナーでは辰年生まれの人は一生に一度でもお参りをすると良いとされる。

ラーンナー美術の傑作が残る名刹で、ラーンナー時代の暮らしを垣間見る

境内に入って正面にある本堂の左奥、ラーンナー様式のラーイカム堂には、寺の名の由来となる「シヒン仏」が祀られています。お堂の正面奥の赤い壁には、龍や雲の模様が金箔によって描かれたラーカムと呼ばれる装飾がなされ、霊験あらたかな天上界を表現しています。左右の壁にはラーンナー美術の傑作と称される壁画が残り、ラーンナー時代の人々の姿を生き生きと伝えています。日曜日は境内に昔風の市場が立ち、お菓子や屋台料理、土産物が販売されています。

⏰ 7:00〜19:00　💰 拝観料20B(本堂のみ)

— 見つけてね /

左/毎年4月13日にはシヒン仏を乗せた龍神山車を先頭にした仏像行列が街を練り歩き、人々は花びらの入った水をかける(P22)。中/本堂の向かって右側、経蔵の壁に施された天使や伝説の生き物の漆喰像も美しい。右/タバコや噛みタバコを楽しむラーンナーの人々。女性は腰布をまとい、男性は太ももに魔除けの刺青を入れていた。

Old City

Spot 9
ワット・チェディールアン
Wat Chedi Luang
▶ MAP/P170-B3

1480年頃、ティローガラート王が仏塔を大きく改造した時には、黄金で包まれ、高さは80mにもなったという。

左/インタキン祭り。 中/仏節、仏誕節、三宝節の夜に仏塔を3周する儀式。柱の祠は男性しか入れず、周囲に並べられた花台一つ一つに花を捧げる。 右/ちょうど雨季に入る時期で恵みの雨を乞う意味もあり、隣の寺からは雨を降らせる仏像も運ばれる。

崩れた巨大仏塔に、在りし日のラーンナーの都の繁栄を想う

旧市街のほぼ中心に位置し、チェディー（仏塔）ルアン（巨大）という名の通りの大きな仏塔がシンボルのお寺です。第七代セーンムアンマー王が先代のグーナー王の遺骨を納めるために建て始め、1438年に完成しました。1545年の地震と豪雨で一部が崩れ、高さは40mになったものの、当時の繁栄ぶりを十分に伝えています。マンラーイ王が先住民族のラワ族より受け継いだ、都を護る柱「インタキン」は、1800年頃にワット・チェディールアンに移されました。毎年5、6月頃のインタキン祭りには、大勢のチェンマイ市民が花を供えに訪れます。

🕐 8:00～17:00　🎫 拝観料40B

Old City Recommend 1

ローカルな雰囲気で親しみやすい、旧市街のレストラン&食堂

安くて美味しいタイ料理屋が軒を連ねる中でも、
地元の人から愛され日本人の口にも合うおすすめの店をご紹介

ザ・シェフ
The Chef　　　　　▶ MAP／P171-C2

　ワット・チェンマンの横という便利な場所に、木造の米蔵を改装した温かみのあるレストランがあります。フレンチレストランのコック歴20年のシェフと元有名レストランのマネジャーの2人が、もっとタイ料理の魅力を伝えたいとオープン。パスタやステーキなど洋食メニューもありますが、まずはパッタイやグリーンカレーなど基本的なタイ料理を味わってみて。

🏠 6 Prapokklao Rd., soi 13
☎ 08-1993-5647　🈹 毎月1日15日
💳 不可　🕐 11:30〜21:00　🗣 英語可

軽く揚げた香ばしい米粉の太麺にあんをかけた「ラートナー」69B。

左／バタフライピーとオレンジがきれいなドリンク59B。　右／米蔵を改装した温かみのある建物。

キヤット・オーチャー
Kiyat Oochaa　　　▶ MAP／P170-B2

　1957年創業、3人の王様像近くのカオマンガイの有名店。カオマンガイは鶏の茹で汁で炊いたご飯に鶏肉をのせた「海南鶏飯」。生姜たっぷりのタレとスープも激ウマ。炭火で焼くカレー風味の豚の串焼き（ムーサテ）も一緒に。

🏠 41-45 Intawarorot Rd.
☎ 0-5332-1959　🈹 無休
🕐 6:00〜15:00（売り切れ次第）

左／カオマンガイ40B。鶏をしっかり食べたい人はご飯と別に。小50B（1人前）、中100B、大150、ご飯1人分10B。チキンフライと半々も可。　右／昼時は相席になることも。

朗らかにチキンを叩く!

クウェティオ・ルア・コンムアン
Khon Mueang Boat Noodle
▶ MAP／P170-B3

　お堀沿いの緑溢れる庭で食堂を始めて20年以上。祖父母の代から生粋のコンムアン（北タイ人）家族が営むアットホームな雰囲気と、チェンマイらしいゆるくカワイイ内装が個人的に大好きな店です。クウェティオ（米粉麺）はもちろん、カノムジーン・ナムニヤオ（P34）やカオクルック・ガピ（エビ味噌まぜごはん、P16）など一皿料理も。オススメは「ヤム・フアプリー（バナナのつぼみのサラダ）」。歯ごたえの良いバナナのつぼみとライムやハーブ、ココナッツミルクが絶妙に絡む、ヘルシーな一品。

🏠 69Chang lor Rd., T.Haiya
📞 08-1021-5624　㊑ 日曜
Ⓒ 不可　⌚ 8:00〜16:00

生活空間が続くのでタイ人のお宅に遊びに来たような雰囲気。

パンダナスのハーブのお水はセルフサービスで！

上／ヤム・フアプリー（バナナのつぼみのサラダ）のエビ入り70B。
下／カオパット・カミン・ヘットファーン（ウコンとフクロタケの焼き飯）65B。一席ごとに色が違うテーブルが楽しい。

左／できたての伝統菓子が並ぶ。バナナの葉に包んであるのがカノム・ソーサイ。ほんのり塩味を効かせた上品なお菓子。3つで20B。
右／お弁当や焼き菓子もあって、どれにするか迷います。

ワンラムーン
Wanlamun
▶ MAP／P170-B2

　ほんのり甘いという意味の店名がついたタイ菓子のお店。毎朝、作りたてのお菓子が20種類以上並びます。迷ったらカノム・ソーサイを。口の中でとろけるココナッツ餅の中に、シャクシャクしたココナツ果肉が入ったタイの味です。

🏠 53/4 Intawararot Rd.
📞 0-5341-6185　㊑ 隔週月曜
⌚ 7:00〜17:00

Old City Recommend 2

ローカルな雰囲気で親しみやすい、旧市街のレストラン＆食堂

エスピーチキン
SP Chicken　　▶ MAP／P170-B2

創業約40年、チェンマイ在住の日本人には有名なガイヤーン（焼き鳥）屋。にんにくたっぷりの秘伝のタレに漬け込んだチキンを、腹を開かずに丸ごと炭火でじっくり時間をかけて焼くので、皮はぱりっと、身はふっくらジューシー。地元客にも観光客にも大人気で、1日に60〜70羽分を完売するのだそう。ソムタム（青いパパイヤのサラダ）ともち米と一緒に。もちろんビールも最高。

🏠 9/1 Soi1,Samlan Rd.
🈺 不定休　Ｃ 不可　🕐 10:00〜17:00

上／半羽90B（2〜3人分）、一羽170B（4人分）。中には一人で一羽食べちゃう人も！ 左／こんがり45分かけて丸焼きに。 右／店主のオーンおばさんの笑顔の味付け。

エヌ＆ケーカフェ
N&K Cafe'　　▶ MAP／P171-C3

タイ料理はどれも美味。エビのさつま揚げ「トート・マングン」やソフトシェルクラブのカレー炒め「プーニム・パットポンガリー」、あっさり味の麺バミーナームサイ・シーフードが人気。日本語メニューあり。

🏠 106 Ratchapakhinai Rd.
📞 06-3664-2649　🈺 不定休
Ｃ 不可　🕐 7:00〜22:00

左／バミーナームサイ・シーフード80B。　右／N（ヌン）さん＆K（クン）さん夫妻のお店。

クーアロイ
Khuu aroi　　▶ MAP／P170-B2

小さな竹ザルで米粉の麺を蒸したクウェティオロートは、うずらの卵や豆腐入り。ポーピア・ソットは、米粉の皮で野菜と卵、グンチヤン（甘いソーセージ）、豚の耳肉ソーセージを巻いた中華生春巻き。

🏠 Alak Rd., Soi 5
📞 08-9758-6360　🈺 日曜
Ｃ 不可　🕐 8:30〜16:00

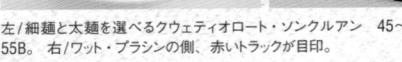

左／細麺と太麺を選べるクウェティオロート・ソンクルアン　45〜55B。　右／ワット・プラシンの側、赤いトラックが目印。

3代目の
ヌイさんご夫婦

Bitter Truth

ビター・トゥルース

| MAP/ P170-B3 | **BAR** |

夜の時間を過ごすなら、カフェのような気軽なバーへ

旧市街にある個性的なバーの中で、こちらは女性でも入りやすいカジュアルな雰囲気のカクテル・バーです。せっかくだから、タイならではのフレッシュなトロピカルフルーツやハーブを使ったオリジナルカクテルを試してみてはどうでしょう。タイ産のプレミアム・ラム「Phraya」をベースにしたカクテルもあります。日本とタイではバーテンダーの感性が異なるので、いつものカクテルを飲み比べてみても面白いかも。アルコールがダメな人はノンアルコールのカクテル、モクテルを楽しんで。

1.タイ産のプレミアム・ラムをベースにバニラ、パイナップルジャム、卵白の口あたりのよいカクテル。300B。**2.**手前はドラゴンフルーツとラズベリージャム、ローズシロップのモクテル120B、奥はマルガリータ250B。**3.**小ぢんまりとした店内にはタイのアーティストの作品がさりげなく飾られている。大きな額装の作品はタイウィチット作のラーマ9世の肖像画。

DATA

🏠 10 Samlarn Rd. Tamboon Si Phum
📞 09-6646-5361　休 月曜　C 可　🕐 17:00～0:00

Column.13

もっと北部料理を楽しむ

カオソーイなど有名な麺料理（P34）以外にも北部料理は
盛りだくさん。ココナッツミルクや砂糖をほとんど使わず、
中部料理と比べると華やかさに欠けるかもしれませんが、
旬の食材を生かした料理が多く、滋味に富んでいます

辛くておいしい

これだけは食べて欲しい北部料理定番4

🔥…辛さ（観光客の多い店では辛さ控えめ、ローカル店だと辛さアップ）

🔥 **ゲーン・
ハンレー**

三枚肉と生姜が効いたミャンマー伝来のカレー。
タマリンドときび砂糖が入り、ほのかな酸味と甘
みがある。もともとは冠婚葬祭や仏教行事の時
に作られるハレの日のご馳走だ。

🔥🔥 **サイウア**

レモングラスやナンキョウ、コブミカンの葉など、
ハーブたっぷりのピリ辛ソーセージ。市場では欲
しい長さで買え、食べやすく切ってもらえる。も
ち米にもビールにも合う!

🔥🔥🔥 **ラープ・
ムアン**

10種類以上のスパイスと豚の挽肉と血の和え
物。生で供されることも多いが、店では炒めた
ラープ・クアが出される。東北タイの酸っぱ辛
いラープとは別もの。縁起の良い料理。

🔥🔥 **ナムプリック・
オン（左）**

🔥🔥🔥🔥 **ナムプリック・
ヌム（右）**

ナムプリックは種類豊富な唐辛子味噌。チェン
マイで有名なのはこの2つ。前者はトマトと豚の
挽肉を煮込んだもの。後者は香ばしく焼いた青
唐辛子を潰したもの。

北部料理の隠し味は、エビペー
スト「ガピ」や魚の塩漬け「プラー
ラー」、そして北部特有の乾燥納豆
をあぶって砕いた「トゥアナオ」
などの発酵調味料です。また、ス
パイスやハーブの香りも中部タイ
とは印象が若干異なります。各家
庭ごとにハーブ、スパイス、調味
料の配分が異なり、おふくろの味
となっています。

家庭料理には家の周囲に自生す
る野菜やハーブもたっぷり入りま
す。木の新芽やきのこと季節限
定の味覚も多く、北部料理のお惣
菜を選ぶときは、旬のメニューも
チェックしてみて下さい。主食の
もち米は指で丸めて、おかずと一
緒に食べます。

おいしい旬の味覚を味わう。

5～6月頃
ヘット・トープ（つちぐり）

雨季のはじめ頃に出回る野生のまん丸きのこ。こりっとした皮の中はクリーミー！ 缶詰めもあるが、やっぱり旬のものは最高! 土の中にあるので高級品。

月

1
2
3
4
5
6
7
8
9
10
11
12

3～4月頃
ヤム・ヨート・マカーム

タマリンドの新芽の和え物。新芽のほのかな酸味が爽やか。

通年
ゲーン・ケー

いろんな種類の野菜が入った辛い汁「ゲーン・ケー」。季節ごとに旬の野菜が10種類以上入り、食べるとお通じが良くなる。

ゲーン・ケーのセット10B。

スパイシーなヘット・トープのスープ（ゲーン・ヘット・トープ）。『フアン・ムアンジャイ』（P77）にて。

朝のチェンマイ門市場

朝6時ごろから賑わい、北部のお惣菜やカノムジーン・ナムニヤオ、炊きたてのもち米やサイウアなど、北部の食べ物が充実。ローカルな北部料理が知りたければ覗いてみて。

上/指差しで注文できるが、見た目では何か分からないもの多い。良く売れているものを買うのも手!? 左/もち米は炊きたて（1人分10B）。

Huen Phen

フアン・ペン

| MAP／P170-B3 | **RESTAURANT** |

旧市街の中心、街歩きの途中でタイ北部のおふくろの味を

　旧市街の2大寺院からほど近い、便利な場所にある北部料理の食堂です。創業50年、ペンさんが始めた有名店で、昼時はタイ国内外からのお客さんで賑わいます。カオソーイやカノムジーン・ナムニヤオ（P34）も味わえ、1人でも気軽に入れる気取らない雰囲気が魅力。入り口のショーケースにお惣菜が並んでいて、そこで指差し注文もできます。辛いのが苦手な人は、チェンダー菜の卵炒め、タム・マクア（ナスのペースト）、ゲーン・ハンレーなどがおすすめです。

1.手前から時計回りにゲーン・ハンレー50B、タム・マクア30B、パックシェンダー・パット・カイ（シェンダー菜の卵炒め）50B、もち米10B。**2.**食堂スタイルなので、ぶらっと立ち寄りやすい。夜は同じ敷地の奥がレストランになり、骨董品に囲まれたエキゾチックな雰囲気の中で味わえる。

DATA

🏠 112 Ratchamanka Rd.
☎ 昼0-5381-4548／夜0-5327-7103　💳 不可　🕐 8:30〜15:00／17:00〜22:00　※英語可

RESTAURANT

Huen Muanjai
フアン・ムアンジャイ

| MAP/ P170-A1 | **RESTAURANT** |

地元住民にも人気、田舎の雰囲気を味わえる料理店

昔の雰囲気を売りにした北部料理のレストランは郊外に多くあるのですが、こちらは旧市街からもほど近い場所にあり、アクセスがしやすくて便利です。約60種類あるメニューは、オーナー兼コックのジャランさんが、父母から受け継いだというやさしい味です。お店のお勧めメニューは、ホウロウのお盆で出されるオードブル・ムアン。評判の良いゲーンハンレーをはじめ、サイウアやナムプリックなど、5種のおかずと温野菜とがセットになっていて、これだけで何品も味わえます。

1.右から時計回りに、サイウア、焼き豚、ナムプリック・オン、ナムプリック・ヌム、豚の皮を揚げたケープ・ムー、真ん中が長時間炭火で煮込んだゲーン・ハンレー。温野菜はナムプリックと一緒に。220B。もち米20B。**2.**田舎の風情を演出した木造家屋。

DATA

🏠 24 Ratchaphruek Rd.
☎ 08-9701-2894　🈲 水曜　🅲 可　🕐 10:00〜22:00　※英語可

Column.14

美しい伝統舞踊を鑑賞

チェンマイの夜の過ごし方の一つとしてオススメしたいのが、
タイ北部の伝統舞踊と食事を楽しむカントーク・ディナーショー。
優雅で美しい女性の舞、力強く雄々しい男性の舞、どちらも魅力的で
ついつい踊りの世界に引き込まれてしまいます

カントークとは脚の付いたお盆のことで、この上に料理を盛った器を並べて囲みます。カントークの料理を味わいながら、北部の伝統舞踊を観賞できるのが、「カントーク・ディナーショー」です。

北部の舞踊には、大きく分けて女性のフォーン・ムアン、男性のフォンジューンがあります。フォーン・ムアンは、そよ風を感じさせるようなゆったりとした動きが魅力で、柔らかく踊れるようになるには長年の鍛錬が必要です。太鼓のリズムに合わせて踊るフォンジューンは、武術の型を基本にした動きを即興で組み合わせて踊り、力強さの中に柔らかさがあります。

綿の収穫から機織まで、一枚の布ができるまでを表現する「フォーン・サオマイ」は、どの作業をしているのか想像しながら観ると楽しい。

カントーク・ディナーショーおすすめ2軒

ベンジャロン・カントーク
Benjarong khantoke
▶ MAP/P168-B2

🏠 101Moo4, Ban Huay Sai
☎ 0-5380-4331　休 無休　C 不可
🕐 19:00〜21:00(ショー20:15〜)
💰 1人270B、送迎+450B(1台)

クム・カントーク
Khum khantoke
▶ MAP/P169-C1

🏠 139Moo4, T.Nong Pa Khung
☎ 0-5330-4121　休 無休　C 可
🕐 18:30〜21:00（ショー19:45〜）
💰 590B(ドリンク代別)送迎+100B(1人)

刀の舞も基本はフォンジューンと同じ。2本の刀を回しながら踊る。踊り手はフォンジューンの達人サラン・スワナチョート。

24.
Old City

Old Chiang Mai Cultural Center

オールド・チェンマイ・カルチュラル・センター

| MAP/ P170-B4 | **RESTAURANT** |

北部料理と伝統舞踊を楽しめる、エンターテインメント

1970年創業のカントークディナー・レストランの老舗です。舞台との距離が近いので踊り手のリズムが伝わります。まず、北部の伝統楽器であるサローやソーなどの弦楽器や太鼓の生演奏が始まり、食事が出されます。その後、ラーンナーの民族衣装を着た女性の踊りが始まります。長い爪飾りの「フォーン・レップ」という舞踊は、神仏への奉納や来客を歓迎する踊りです。男性の刀の踊りや太鼓を叩きながら踊るサバッチャイ太鼓、その他、山岳民族による舞踊もあり、あっという間の約2時間です。

1.ラーンナー調の建物で踊りを観賞できる。2.カントークに並ぶのは、ナムプリック・ヌム、ナムプリック・オン、ゲーン・ハンレー、サイウア、鶏の唐揚げ、野菜炒め、揚げバナナなど。随時、注ぎ足してくれる。1人570B。送迎付きなら650B。3.踊りはフォーン・レップから。たおやかな踊りに癒やされる。

DATA

🏠 185/3 Thipanet Rd.
📞 0-5320-2993　🏠 無休　ⓒ 可
🕐 18:45開場、19:00開演(要予約)　※英語可　💰 570B(ドリンク代別)送迎+100B(1人)

79

THE HOUSE by GINGER
ハウス・バイ・ジンジャー

| MAP/ P171-C2 | **RESTAURANT & CAFE & SHOP** |

右はヤム・ソムオー150B。左は5種類の前菜のセット［ミックス・アペタイザー］310B。メニューは共通。気分で店を選べる。

タイと北欧をミックスさせたポップな雑貨とお洒落なタイ料理

古い洋館に向かって左手の建物は、中国や北欧のアンティーク家具が配置されたシックなレストラン『GINGER & Kafe』。右手の『THE HOUSE food&kitchen bar』は、よりカジュアルな雰囲気でお茶や食事が楽しめます。メニューはタイ料理が充実。王室に伝わるという珍しいひと皿からポピュラーな料理まで、味も見た目もアレンジが加えられています。奥にはチェンマイの工房で制作している服や雑貨が並ぶ『GINGER SHOP』が。どれもトラディショナル＆モダン、そしてジンジャーらしいポップで楽しい感覚に満ちています。

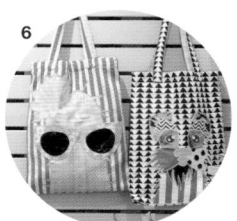

1. 『THE HOUSE food&kitchen bar』の店内。アンティーク家具や壁紙、アート絵画をポップな感覚で取り入れたインテリアが素敵。2.対応も良くチャーミングなスタッフ。3.古い洋館内のカクテルラウンジ（17:00〜23:00）。4.ディスプレーにテンションが上がります。5.THE HOUSE food&kitchen barは4月にはタイの国花ラーチャプルックが満開に。6.ファンキーなバッグはファッションのポイントになる680B。

DATA

🏠 199 Moon Muang Rd.　☎ 0-5341-9011　㊡ 無休　🅲 可
🕐 GINGER SHOP　11:00〜22:30
　GINGER & Kafe 、THE HOUSE food&kitchen bar　11:00〜23:00　※英語可

Farm Story House
ファーム・ストーリー・ハウス

| MAP/ P171-C2 | **CAFE** |

タイ北部のコーヒー豆とお米にこだわる、スローなカフェ

ラーチャダムヌーン通りのソイ5
にある木造民家の小さなカフェには、
オーナーのジャンさんとベンさん夫
妻の気さくな人柄に引かれて、旅人
たちが集まります。丁寧にドリップ
してくれる自家焙煎コーヒーの味と
香りは、心から寛げるおいしさ。カ
フェご飯も充実していて、例えばベ
ンさん手作りのスパイスの効いたマ
サマンカレーやグリーンカレー、お
母さんのゲーン・ハンレー、カレン
族スタッフによるカレン料理など、
どれも味わってみたいものばかり。
米作りのためにバンコクから移住し
てきたというご夫婦の作るご飯の美
味しさにも納得です。

1.タイの著名な料理人から伝授されたグリル・チキンセット（ゴーイ・ザ・チキン）140Bも人気。奥
はパイナップルに肉餡をのせた珍しい古典タイ料理マーホー60B。**2.**マインド・アップ・サイド60B。
オーガニックの薔薇と赤米のかわいらしいお茶。**3.**木造民家の1Fがカフェ、2Fは2部屋のゲストハ
ウス（2人部屋1泊500B。エアコン付き）

BLACK COFFEE   Light   Hot / Ice
○ Thai single Origin   Medium } Roasting   80
  Dark   95
○ Special Organic
  Medium-Light   80
WHITE COFFEE   House blend + milk

生産者から直接コーヒー豆を買い取るオーナーのジャンさん。産地ごとの味の良さを届けたいと丁寧にドリップ。自家焙煎のコーヒー豆も販売。

DATA

🏠 7 Rachadamnoen Rd., Soi 5
☎ 08-6345-4161   休 無休   C 不可
🕐 8:30〜21:00   ※英語可

Akha Ama Coffee La Fattoria

アカアマ・コーヒー・ラファットリア

| MAP/ P170-B2 | **CAFE** |

アカ族の村で栽培されたオーガニック・コーヒーでひと息

　ワット・プラシンのすぐ側にあり、利用しやすいカフェ。こちらのコーヒー豆は、チェンラーイ県にあるアカ族の村メージャンタイで栽培されています。標高1500mの山地で栽培されているオーガニック・コーヒーは香りが良いと評判。この村の出身のリーさんが、村人の暮らしを良くしたいと栽培・販売に力を注いでいます。お店の壁に描かれたロゴマークは、リーさんのお母さん（＝アマ）がモデルです。このお店は2号店で1号店はサンティタムにあります。

1. パッケージもキュートでお土産にぴったり。浅煎り、中煎り、深煎り各200g250B。フェアトレードだから直接生産者の支援に。**2.** エスプレッソにオレンジピール＆コーヒーの花の蜂蜜をブレンドしたマニマナ70B。爽やかな香りにリフレッシュ。**3.** 小さなお店は美味しいコーヒーを求めるお客さんでいっぱい。

DATA

🏠 175/1 Rachadamnoen Rd.
☎ 08-6915-8600　🈳 第2火曜　💳 不可　🕐 8:00〜18:00、日曜〜20:00　※英語可

Old City Recommend 3

旧市街その他のおすすめカフェ

クム・カフェ
Khum Kafe' ▶ MAP/P171-C2

　旧市街の中心、ラーチャダムヌーン通りとプラポックラオ通りの四つ角に、約130年前に建てられたチェンマイの王族の屋敷。その庭にある小さなカフェの窓からは、チークの古い館とワット・パンタオの本堂、ワット・チェディールアンの仏塔が見晴らせる好ロケーションです。カレン族の女性たちが土鍋で手焙煎したというコーヒー豆をサイフォンやエスプレッソポットで入れてくれます。

上／マンゴーチーズケーキとエスプレッソ。セットで165B。 右上／現在はチェンマイ大学建築学部のラーンナー建築センターに。チェンマイの古い建物の地図が展示されているので見学してみて。

🏠 117 Rachadamnoen Rd.
☎ 08-1706-2305
📅 4月12〜18日　🅲 不可
🕐 月〜土9:00〜18:00、
　　日10:30〜20:00　※英語可

アルテ・ハウス＆カフェ
Arte House &Cafe ▶ MAP/P171-C2

　ムーンムアン通りの小路にあるゲストハウス併設のカフェ。オーナーのポップさんは画家、奥さんのグンさんは皮の鞄作家というアーティストの2人の店には小さなギャラリースペースもあります。

🏠 11/2 Moonmuang Rd., Soi 7
☎ 0-5328-9569　🅷 無休　🅲 不可
🕐 7:00〜17:00　※英語可

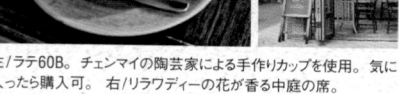

左／ラテ60B。チェンマイの陶芸家による手作りカップを使用。気に入ったら購入可。 右／リラワディーの花が香る中庭の席。

揚げたて
カレーパンも
デニッシュも！

イートインは緑溢れるテラス席がおすすめ。カレーパンやサンドイッチが人気。

バーン・ベーカリー
Baan Bakery ▶ MAP/P171-C3

　京都のパン屋で7年間経験を積んだニコムさんのベーカリー＆カフェ。チェンマイ門近くの路地裏にある木造家屋のカフェスペースで、焼きたてのパンと北タイのコーヒーで朝のひと時を過ごしてみては。

🏠 20, Ratchiang Saen Rd., Soi1
☎ 08-9552-9305　🅷 日曜　🅲 不可
🕐 8:00〜16:00　※英語可

Column.15

暮らしが見える、旧市街散歩

角を曲がる度にチェンマイらしい風景に出合えます。
お寺やカフェ巡りの合間に、街の普段の姿を発見しましょう

旧市街には昔ながらの暮らしが残るエリアもあります。ひとつが、民家が肩を寄せ合うように並ぶワット・プアック・テム（P67）からチェンマイ門市場の周辺。それからもう一つが、チャーンプアック門の西側のエリアで、古くから の住宅が多くて穏やかな雰囲気です。暑い3〜5月頃は、散策するなら朝や夕方がおすすめ。特に朝は、托鉢の風景や家や土地の神さまの祠（ほこら）にお供えをする人の姿など、街の人の暮らしに触れることができます。

 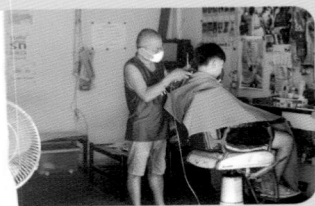

左/ドーイ・ステープが見える路地。 右/30Bの散髪屋さん。

左/ストリートアートもたくさん見つかる。 右/出番が少なくなった公衆電話。

左/7時頃に托鉢の光景が。 右/土地の神様を祀る祠。

朝の寺院はとても静か。鳥の声に耳を傾けながらゆっくり散策できる。

Column.16

伝統的な マッサージで 癒される

旧市街は徒歩で巡るのがスタンダード。
旅の疲れを感じたら、
伝統の古式マッサージで
心も体もサバーイサバーイ
（リラックス）しよう

旧市街観光に疲れたら、ぜひ試して欲しいのがタイ古式マッサージ。体の中を走る「セン」というエネルギーラインに沿ってマッサージやストレッチを加えることで、凝りや痛みを和らげます。昔からチェンマイの人は調子が悪い時にマッサージで治療していたそうです。また特にチェンマイの伝統的なマッサージの特徴である、ゆっくりとしたテンポのマッサージには高いリラックス効果もあり、いつの間にかうとうとと寝てしまう心地よさです。タイのハーブを布に包んで蒸したハーバルボールのマッサージは熱といっしょにハーブの成分がじんわりと患部に効くので、セットでぜひ。小槌を使ったトークセン、産後の女性をトリートメントする塩壺マッサージ（ヌン・トーン）もあります。
※食後2時間は控える。持病のある方は医師と相談してから。女性のマッサージ師を希望する時は伝えておく。マッサージ師へのチップは20〜100B程度。

上／タイ北部に伝わるトークセン。ワット・シースパン（P91）で15分のお試しも。 下／ローカルな雰囲気の寺の境内のマッサージサロンは1時間150B程度。

おすすめマッサージ店 4軒

グン・マッサージ
Kul Massage
▶ MAP／P171-D3

中華系シンガポール人の先生によって伝えられた治療用の足つぼマッサージ。6〜7人の専属マッサージ師はチェンラーイ県のアカ族の村の男性。力が必要なこのマッサージは山の力持ちでなければ勤まらないのだとか。かなり痛いが、終わった後はすっきり軽くなる。フット・マッサージ1時間＋ヘッド＆ショルダー30分で300B。

🏠 89/2 Changklan Rd.　📞 08-7179-1619
🈺 不定休　🕐 10:00〜24:00

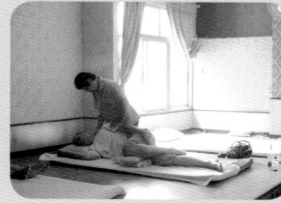

アイディーアイ・タイ・マッサージ・スクール
IDI Thai Massage School　　　　▶ MAP／P170-B3

マッサージ学校で受けられる。エネルギーラインを揉み込む「ディープマッサージ（ジャップセン）」や木槌でセンを刺激するトークセン、産後のケアの塩壺マッサージなどの北部伝統マッサージも受けられる。患部にヤーモン（P54）を塗ってくれる。タイ古式マッサージ90分500B、塩壺マッサージ60分700B（要予約）。

🏠 49 Chang Ior Rd.　📞 0-5320-0300
🈺 ソンクラーンと正月　🕐 8:00〜20:00　※要予約

ロイクロ・タイマッサージ＆ヨガ
Loi Kroh Traditional Thai Massage&Yoga　▶ MAP／P171-C3

マッサージ学校で実績と定評があり、先生による本格的なマッサージの施術も受けられる。チェンマイの伝統的なマッサージのゆったりしたテンポによって、自然と呼吸が深くなる。女性と男性の先生がいるので、希望があれば伝えること。タイ古式マッサージ500B/90分、600B/120分、ハーブボール700B/120分。

🏠 1/3 Loi Kroh Rd., Soi3　📞 0-5327-4681
🈺 日曜　🕐 9:00〜18:00　※要予約

タイ・トラディショナル・アンド・コンプリメンタリー・メディシンセンター
Thai Traditional and Complementary Medicine Center (TTCM)
▶ MAP／P170-B3

チェンマイ大学薬学部が運営。大学病院の医師らが研究した型を取り入れたメディカル・マッサージで、問題のある場所は特に念入りにマッサージしてくれる。治療に通う地元の患者さんは多い。料金 初診料150B、ハーブボール&タイマッサージ90分400B、リラックス・マッサージ300B/60分（初診料不要）、トークセン600B/120分。

🏠 55 Samlarn Rd.
📞 0-5393-4898　🈺 ソンクラーンと正月
🕐 8:00〜20:00　※要予約

Column.17

銀細工の街、
ウアラーイ通りへ

銀細工店が軒を連ねる
ウアラーイ通りを歩くと、
コツコツと銀を打つ
小気味良い音が聞こえます

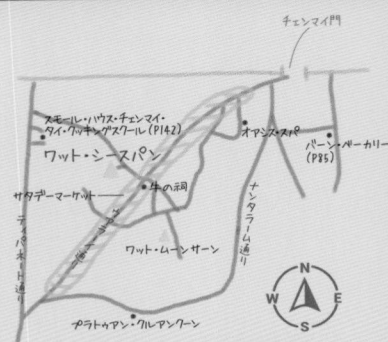

チェンマイ門から南へ延びる約1.5kmのウアラーイ通りには、20軒ほどの銀細工の店があります。約200年前、チェンマイの都の復興のため、ビルマのサルウィン川流域やチェントゥンより、タイ・クーンの銀細工職人や漆職人たちがここに移り住みました。1975年頃に手工芸品を生産・販売する店がサンカンペーンエリアに集まり、職人がそこへ流れたことや、タイ人の生活スタイルの変化によって銀や漆の伝統工芸は廃れる一方でしたが、地域のお寺が中心となって伝統技術の継承に取り組んでいます。

仏教行事やタイ正月などに使われる銀の鉢や花台。十二支の模様が特徴。

通りの名前の由来となる「ウア（牛）・ラーイ（模様）」の祠。左手先のワット・ムーンサーンは太平洋戦争中、日本軍の野戦病院となった歴史があり、本堂横に慰霊碑が建てられている。

1本西側のナンタラーム通りに唯一残る漆の工房「プラトゥアン・クルアンクーン」8:00〜17:00。

チェンマイの銀閣寺!?
伝統工芸を伝承するワット・シースパン

銀色の装飾で覆われたお堂が印象的。若者が伝統的な模様や
技術を学ぶ場所になっていて、体験もできます

ワット・シースパンには
手作業によって模様が
打ち出された銀色のお
堂が輝く。

　ワット・シースパンではウアラー
イ通りに残る銀細工の伝統技術の
伝承を目的とした取り組みを行っ
ている。本堂の左側にある鍛金や
彫金などの工房で行われている作
業は自由に見学できる。大きな作
品はアルミ板を使用。旅行者も彫
金の体験ができます。

ワット・シースパン
Wat Sri Suphan　　　　　　▶MAP/P170-B4

🏠 100 Wua Lai Rd.
📞 08-7574-9664
🕐 銀細工体験9:00〜11:00
💰 銀細工体験200B

左/僧侶も作業をする。　右/熱して銀を打ち伸ば
す鍛金の作業場もある。

左/この道48年のディレーク先生が指導。　右/本
堂の壁には仏教説話の一場面を描いたレリーフが
展示されている。

お祭り気分で楽しむ、
ウィークエンド・マーケット

チェンマイの夜のショッピング・スポットは
ナイトバザールが有名ですが、
実は週末はウィークエンド・マーケットが賑わっています

サタデー・マーケット
SATURDAY MARKET
▶ MAP／P170-B4

　土曜日は銀細工で有名なウアラー
イ通りの歩行者天国が夕方から開催
されます。内容はサンデー・マーケット
とよく似ていますが、プチ・プライスの
シルバーアクセサリーや、小さな漆の
お土産品が多く、銀細工の実演も見
られます。銀細工のお寺ワット・シース
バンもライトアップされます。

🏠 Wua Lai Rd.
🕐 16:00〜23:00

サンデー・マーケット
SUNDAY MARKET
▶ MAP／P170-B2

　日曜日の夕方から、旧市街のラーチャダムヌーン
通りが歩行者天国となり、道の両脇と中央に露店
が並びます。お寺の境内には飲食屋台が並び、
ピーク時は前に進めないほど混雑するので、人ご
みが苦手な人は早い時間に行ったほうが無難です。
警察署付近で、現役の警官がチャリティーコンサ
ートを開催することも。

🏠 Rachadamnoen Rd.　🕐 16:00〜23:00

Chiang Mai
Nimmanhaemin Road

─ ニマーンヘーミン通り ─

| MAP/ P170-A1 |

チェンマイきっての新しい街、ニマーンヘーミンには、感度の高いタイの若者や、
世界中の観光客が集まります。表通りからシリマンカラジャーン通りへ延びる
いくつものソイ（路地）は、お洒落なカフェ、センスの良い店が集合する要注目エリアです

ニマーンヘーミン街歩き

表通りからシリマンカラジャーン通りへ伸びる幾つものソイ（小路）には、
カフェやショップ、小さなショッピング・モールが集まっています

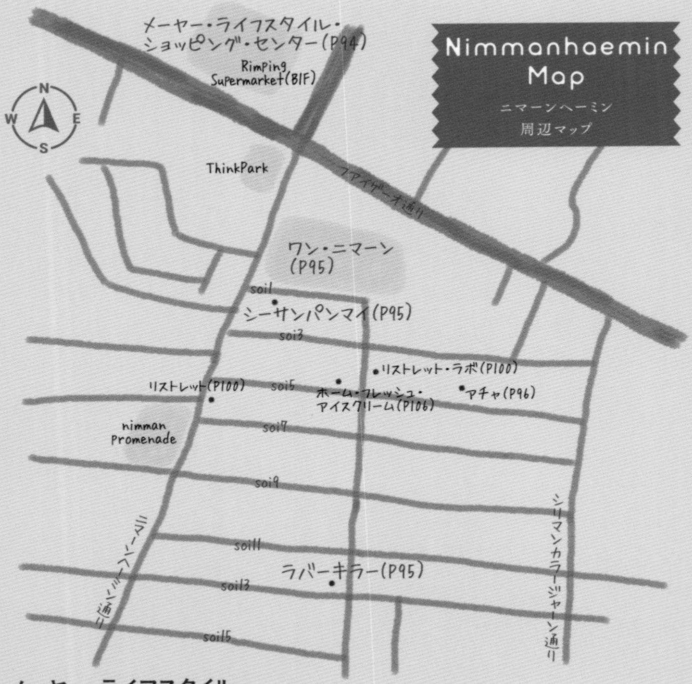

メーヤー・ライフスタイル・
ショッピング・センター(P94)
Rimping
Supermarket(B1F)

Nimmanhaemin Map
ニマーンヘーミン
周辺マップ

ThinkPark

ファイダーオ通り

ワン・ニマーン
(P95)

soil

シーサンパンマイ(P95)

soi3

リストレット・ラボ(P100)

リストレット(P100)   soi5

ホーム・フレッシュ・   アチャ(P96)
アイスクリーム(P106)

nimman
Promenade

soi7

soi9

ニマンソーイ通り

soil1

ラバー・キラー(P95)

soil3

シリマンカラージャーン通り

soil5

メーヤー・ライフスタイル・
ショッピング・センター

MAYA Lifestyle Shopping Center
▶ MAP/P170-A1

2014年オープンのメーヤーと呼ばれる新しいショッ
ピングモール。地下には人気のフードコートやお土
産探しにぴったりのリンピン・スーパーマーケッ
ト、4階にはレストラン街、5階は映画館やムエタ
イ・ジム、24時間営業のコワーキングスペース、そ
して夜景を楽しめるバーもある。

🏠 55 Moo 5, Huay Kaew Rd.
🕐 月〜金11:00〜22:00、
　　土日10:00〜22:00
　　（テナントによって異なる）

ワン・ニマーン
One Nimman　　　　　▶ MAP／P170-A1

2018年4月にオープンしたばかり。レンガの外壁が美しい今までのチェンマイにはなかったタイプのお洒落な商業施設で、すでにこのエリアのシンボル的な建物に。『モンスーンティー』（P45）など、人気店も数多く出店している。『ジンジャー』（P80）のオーガニック・レストランは、旧市街店とはメニューを変えて北部料理が充実。奥のフードコートではソムタムなどの屋台料理が手軽に食べられる。

🏠 1/6 Nimmanhaemin Rd.
🕐 月〜金11:00〜22:00、
　 土日10:00〜22:00
　 （テナントによって異なる）

シーサンパンマイ
Srisanpanmai　　　　　▶ MAP／P170-A1

ソイ（路地）1はニマーンヘーミン・エリアの中で最初にショップができた場所で、20年くらい前から良質のショップが並ぶ。中でもシーサンパンマイは、北部タイやラオスの古布、民族衣装の種類が豊富で、布好きは必見！ 山岳民族のモダンなシルバーアクセサリーも揃う。3階では貴重なコレクションを展示。見学無料。

🏠 6 Nimmanhaemin Rd., Soi1
☎ 0-5321-7243　🕐 10:00〜18:00

ラバーキラー
Rubber Killer
▶ MAP／P170-A1

古タイヤをリメイクして、丈夫なカバンを作るブランド。ショルダーバッグやトートバッグの他に、財布やキーホルダーなどの小物も。クマのロゴマークをプリントした古着のトレーナーやワークジャケットは、男女兼用で着られる。買い物の後はガレージでOMNiA cafeの美味しいコーヒーを味わって。

🏠 26/1 Nimmanhaemin Rd., Soi11
☎ 08-4269-9464　🈲 無休
🕐 Rubber Killer10:30〜19:30、
　 OMNiA cafe 8:00〜17:00

Accha
アチャ

| MAP/ P170-A1 | **RESTAURANT** |

散策の途中に寄りたい、ポップなインド料理レストラン

　お洒落な雰囲気で本格的な北インド料理を味わえるレストラン。室内のガラスの窓からは、厨房でシェフが腕を振るう様子が見られます。チェンマイの老舗インド料理店の姉妹店なので、味は折り紙つき。種類豊富なカレーはスパイスが香る濃厚で深い味わいです。一皿ごとに作る

ので、辛さが苦手な人は遠慮なく伝えて。インド人のご主人をもつタイ人オーナーのジョイさんが、飲み物一杯からでもゆっくりしてもらいたいとデザインした屋外の席は、エキゾチックかつ、ニマーンヘーミンらしいポップな感覚に溢れていて、楽しいひと時が過ごせます。

1.手前右/コクのあるカレーが柔らかなラム肉の美味しさを引き立てるラム・ハンディー300B。手前左/ピリ辛のチリ・チキン150B。奥/タンドリーチキン、チキンティッカ、魚やエビのグリルがセットになったアチャ・スペシャルプラッター550B。**2.**座敷の席でまったり。マンゴーラッシー70B、マサラ・ティー50B。**3.**涼しい日は外の席も心地よい。

手前から時計回りにパニール・マライ・ティカ140B、スナック感覚のマサラ・パパド50B。チキンマサラと豆のカレー、ナンとライスのセット250B。世界一甘いインドのお菓子グラブジャムン1つ30B。

DATA

🏠 15 Nimmanhaemin Rd., Soi5
📞 09-9291-1551　🈺 無休　🅲 可
🕐 11:00～22:00　※英語可

Nimmanhaemin Recommend

チェンマイ大学生おすすめの人気食堂

ニマーンヘーミン通りを南に行くとステープ通りに出ます。
チェンマイ大学があるこのエリアは、安くて美味しい食堂がたくさん。
その中でも特にチェンマイ大学の学生に人気の3軒をご紹介

Suthep Road Map
ステープ通り周辺マップ

チェンマイ大学 / チェンマイ大学アートセンター（美術館）/ チェンマイ大学コンベンションセンター / デーン・タワン / トンパヨーム市場 / ニマーンヘーミン通り / チェンマイ大学薬学部 / チェンマイ大学歯学部 / イェンタフォー・シーピン / クワン・ラートナー・ヨートパック / スワンドーク寺 / パンパン・ベジタリアン・スローフード

お昼時は学生でいっぱい！

クワン・ラートナー・ヨートパック
Guang noodle and rice dishes
▶ MAP／P170-A2

ラートナー（写真はジャンボ70B）は米粉の幅広麺に餡をかけたやさしい味。パッシーイウ（幅広麺の醤油炒め）やガパオライスも美味。

🏠 171 Sthep Rd.　📞 08-9855-7490
🈺 月2回(不定休)　🕐 8:30〜22:00

デーン・タワン
Daen Tawan　　▶ MAP／P168-B1

アヒル肉の照り焼きご飯＆麺専門の食堂。バジルで炒めたガパオ・ベット・カイダーオ50Bが一番辛くて人気。苦瓜のスープ30Bもおすすめ。

🏠 8/8 Moo10 Sthep Rd.　📞 08-6728-7569
🈺 不定休　🕐 8:00〜17:00

イェンタフォー・シーピン
Sriphing Noodle　　▶ MAP／P168-B1

1973年創業以来から変わらぬ看板娘ラウィーボンさんはこの店の名物。ピンク色のクウェティオ・イェンタフォー50Bは、味はもちろんインスタ登場以前からフォトジェニック。

🏠 231 Sthep Rd.　📞 0-5380-9129
🈺 無休　🕐 8:00〜14:00

ピンクの色は紅腐乳の色ですよー

PunPun Vegetarian Slow Food

パンパン・ベジタリアン・スローフード

| MAP/ P170-A2 | **RESTAURANT** |

スアンドーク寺の境内にある、野菜たっぷりのスローフード

野菜をたくさん食べたい時におすすめなのは、ステープ通り沿いにあるお寺『ワット・スアンドーク』内のベジタリアン・レストランです。伝統的なタイ料理を中心とした約100種類のメニューから選べます。チェンマイの有機栽培農家から買い取る旬の野菜やハーブをたっぷり使った料理は、旅の途中の体調を整えてくれるはず。肉類を一切使わない代わりに、趣向を凝らして素材の美味しさを引き出していて、味はもちろん見た目も美しく、ベジタリアンじゃなくても大満足の料理です。

1.手前から時計回りに、グレープフルーツに似たポメロのサラダ（ヤム・ソムオー）65B、ココナッツミルクと黒ゴマソースがけ自家製豆腐ステーキ90B、椎茸の櫛揚げ（ヘット・サテ）60B、タイハーブの炒めご飯65B。日本語メニュー有り。**2.**白い仏塔は貴族のお墓、大きな仏塔には仏舎利が祀られている。1373年建立の由緒正しい寺院も散策したい。**3.**大きな仏塔の裏手、オープンエアのこじんまりしたレストランは在住欧米人にも人気。

DATA

139 Wat Suan Dok Suthep Rd.
08-4365-6581　無休　不可　9:00〜16:00　※英語可

32.
Nimmanhaemin

Ristr8to Rab
リストレット・ラボ

| MAP/ P170-A1 |　　**CAFE**　　|

リクエストして描いてもらった象の
ラテアート98B。細かく描かれて
いて飲むのがもったいない!

カフェ・ブームをリードする、若きバリスタの店

「良いカフェが多く、コーヒー豆の
生産地でもあるチェンマイを、みん
なでコーヒーの街として盛り上げて
いきたい」と語るのは、2017年に
開催されたバリスタ世界大会のラテ
アート部門で優勝したアーノンさん。
タイの中で「バリスタ」という職業
を広めた彼のお店には、タイはもち
ろん、世界中からコーヒー好きのお
客さんが集まります。コーヒーに対
する想いは熱く、閉店後はスタッフ
にバリスタの知識やラテアートの技
術を伝授。定休日の火曜日には焙煎
を行い、世界各地で知ったコーヒー
の味を反映させた新しいコーヒー・
メニューを考えているそうです。

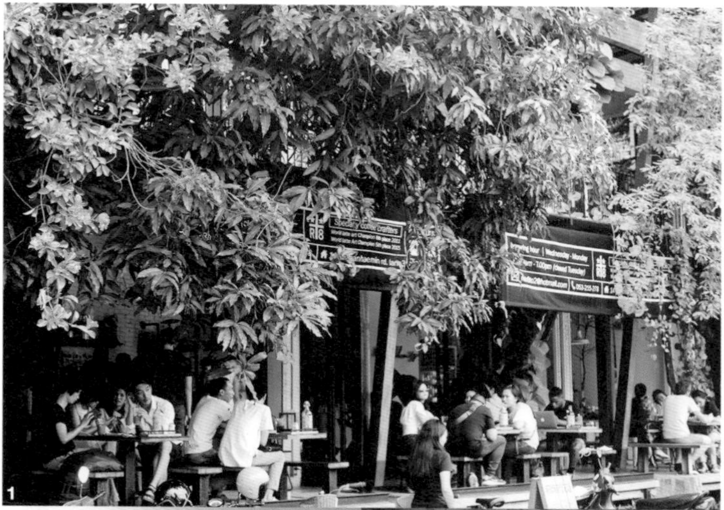
1

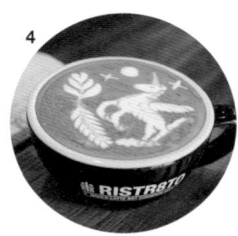

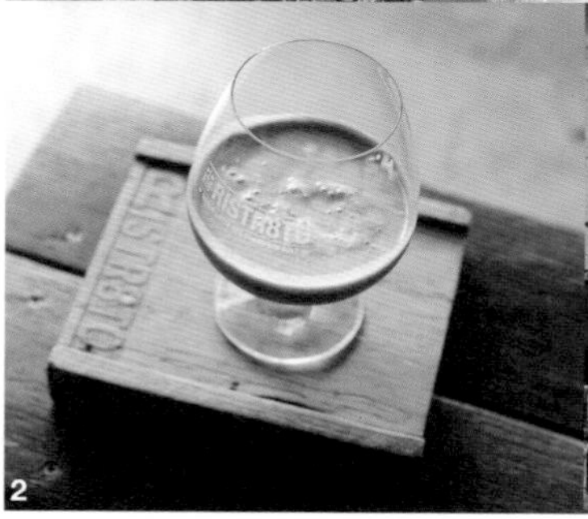

2

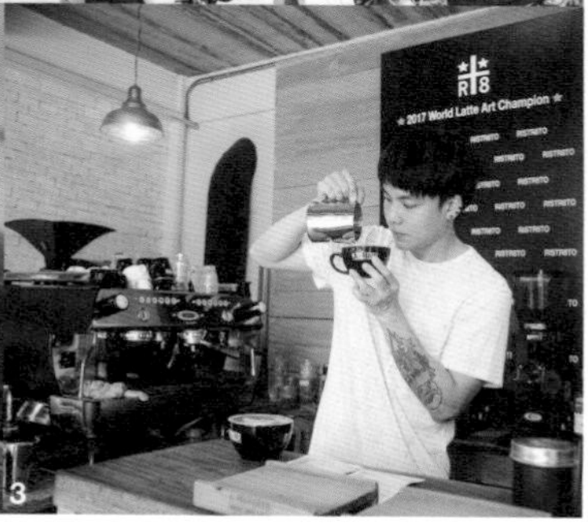

3

4

1.ソイ（路地）を少し入ったオープンスペース。この店は2号店で、新しいメニューやペーパードリップのコーヒーが飲める。1号店はニマーンヘーミン通り沿いにある。**2.**オレンジケーキをイメージした甘いデザート・コーヒーSex on the rock 138B。**3.**2017年ブダペストの世界大会で優勝したアーノンさん。コーヒー豆の味と香りを最大限に味わえるリストレット（最初に抽出した15～20mlのコーヒー）をベースにブレンド。**4.**世界一のラテ・アートは、ウサギやキツネ、森のペガサスなど繊細で夢のある世界。好きな絵を選んで。

DATA

Ristr8to Rab　住 14 Nimmanhaemin Rd.
電 0-5321-5278　休 無休　C 不可　営 7:00～18:00　※英語可

Ristr8to（1号店）住 15/3 Nimmanhaemin Rd.

海外から来るファンも！
年末はクラフト・イベントが大人気！

昔から手工芸産業が盛んで、材料となる天然素材にも恵まれたチェンマイは、
多くのクラフト作家や工房が集まる土地です。
12月は物作りをする人やハンドクラフト好きの人たちが集まるイベントが集中し、
この時期に合わせてチェンマイを訪れるバンコクや海外からのファンも多く、
街が賑わいをみせます

ナップ
NAP
▶ MAP／P170-A1

集まる人のファッション
を見るのも面白い。こ
んなチームも。

ニマーンヘーミン通りのソイ1で1999年から
始まったクラフトフェア。毎年12月5日頃、ラー
マ9世の誕生日に合わせて開催されます。
趣向をこらしたブースデザインを見て回るだけ
でもワクワクします。昨年からは『ワン・ニーマ
ン』までスペースが広がり、期間中にコー
ヒーイベントが開催されるなど内容も充実し、
楽しみが増えました。タイの他県からの参加
者や普段は店を持たないブランドの作家と直
接やり取りできる楽しみもあります。

🏠 Soi1, One Nimman
🕐 毎年12月5日〜10日頃開催、
　 10:00〜22:00

夜は小さな舞台のライ
ブ演奏で賑わう。

直接デザイナーから話
を聞くことができる。

チェンマイの工芸品を
使ったディスプレイを見
るのも楽しい。

ターペー通りのジャズバーThapae Eastで椅
子のデザインを展示。

3人の王様像の裏にある文化芸術会館に
て。籠を連ねたユニークな展示に人が集まる。

TCDCの
チェンマイ・デザイン・ウイーク
Chiangmai Design Week of TCDC
▶ MAP／P171-C1、市内各地

TCDC（Thailand Creative and Design
Center）が企画し、チェンマイを中心にした
北部タイのクラフト作家やデザイナーや、その
作品を扱うショップなどが参加。2014年から
始まり、NAPとほぼ同じ時期に開催されてい
ます。会場となるのは、ムアンマイ生鮮食品
市場（P64）裏のTCDCの建物の他、旧市
街の3人の王様像広場や博物館、ワット・ゲ
ートエリアのギャラリーやショップでの展示もあ
り、様々なデザイン作品を見る目的に加えて、
街歩きをする楽しみもあります。

🏠 チェンマイ市内の博物館、
　ギャラリー、ショップなど
🕐 毎年12月上旬開催、
　10:00〜21:00

期間中は街中でイベン
トマップが配布される。
参加店店前には目印の
看板が立てられる。

上／ワット・チェンマン（P66）横
の空地で「POP MARKET」が
開催される（変更することも）。
下／POP MARKETでお買い物。
幅広い世代が訪れる。

33.
𝒩immanhaemin

Muak
ムアック

| MAP/ P170-A1 | **SHOP** |

毎週新しい帽子が誕生。 かぶり比べていると幾つも欲しくなる。 帽子は850B～。 平均1200B。

日差しの強いチェンマイの旅に、帽子は必須アイテム。チェンマイで一番おしゃれな帽子専門店『ムアック』の店内では、あれこれ帽子をかぶって、お気に入りを探すお客さんの楽しい気分が伝わってきます。チェンマイに根を下ろして帽子作りに取り組む日本人デザイナーの浅野さんご夫妻が作る帽子は、手で形を変えられるやわらかな素材が多く、型崩れを気にせずにたたんでバッグの中へ仕舞えます。飛行機での移動で髪が乱れてしまっても、ムアックの帽子があれば一瞬でおしゃれに変身です。心地よく長く使える帽子だから、日本でもきっと活躍してくれます。

1. チェンマイの素材と、もの作りのスキルを生かした洋服やカバン、雑貨も気になる! 帽子とのコーディネートも◎。**2.** 帽子につけてもかわいい刺繍のバッジ280B。**3.** 子供用の帽子は楽しい色使いでキュートなデザイン。**4.** One Nimman店はカラフルなイメージで。Soi9店はちょっとシックな雰囲気。

DATA

Soi9店	🏠 14 Nimmanhaemin Rd., Soi9				
	☎ 08-0851-4521	休 無休	C 可	🕐 10:00～20:00	※英語可
One Nimman店	🏠 One Nimman1階				
	☎ 08-0851-4521	休 無休	C 可	🕐 10:00～22:00	※英語可

Home Fresh Ice Cream
ホーム・フレッシュ・アイスクリーム

| MAP/ P170-A1 | **SHOP** |

無人販売のホームメイド・アイスクリーム

アイスクリーム店の激戦区でもあるニマーンヘーミン。その中で1975年創業のホーム・フレッシュ・アイスクリームは『ベルの店』と呼ばれ親しまれています。店は普通の住宅で、玄関先の呼び鈴でお店の人を呼び出して買っていましたが、最近は敷地に無人の販売コーナーが設けられ、そこで食べられます。アイスが入った2つの冷凍庫には「お持ち帰りは−20℃から、ここで食べるなら−10℃の方から」と注意書きも。1つ30Bで、お代は缶の中へ。小さな箱にはつり銭が準備されています。

1.ドリアンやライチ、カオニャオ・マムアン（マンゴーともち米のスイーツ）、チャータイなどのタイの味も。全て1つ30B。**2.**昔からのファンも多い。**3.**小さな席が設けられている。

DATA

🏠 9/1 Nimmanhaemin Rd.
☎ 0-5321-0491　㊡ 無休　🅒 不可
🕐 8:00〜17:00

Chiang Mai
Soi Wat Umong &
Doi Kham

———— ソイ・ワット・ウモーン＆ドーイ・カム ————

| MAP/ P168-B2 & P168-A2~3 |

ワット・ウモーンのある通りは地元の若者に人気のエリアで、ショップやオープンカフェが増加中。
ドーイ・カム（カム山）周辺は、ラーチャプルック花博公園やナイトサファリーがある
自然豊かなエリアで、カフェやレストランが点在しています

35.
Doi Kham

Saenkham Terrace
セーンカム・テラス

| MAP/ P168-A3 | **RESTAURANT** |

田園風景と山々を眺めながら、
洗練されたタイ料理を

手前から時計回りに、鶏とカシューナッツ炒め。揚げたタロ芋の籠入り180B。海老とココナッツの
実入りのトムヤムスープ（辛くない）230B、海老と海苔と白胡麻の揚げ春巻き180B、白カミンとコ
コナッツと海老のタイサラダ180B。写真付きの日本語メニューあり。

　ワット・ウモーンの南にドーイ・カムという小さな山があり、頂上には有名なワット・ドーイ・カムがあります。レストランの窓からはその寺とワット・ドーイ・ステープの両方を眺めることができます。市内から少し離れた閑静な住宅街の中にあるため、車を手配する必要がありますが、店内は明るく広々としていて、ゆっくりと食事を楽しむのにぴったり。新鮮な素材の味を生かした料理は盛り付けも美しく、辛さも調整してもらえるので安心して中部料理や北部料理が味わえます。お米は周りに広がる水田で栽培するオーガニック米を使用しています。

1.広々とした田園風景が広がり、手前にドーイ・カム、その向こうにドーイ・ステープがみえる。**2.**壁には画家のポンチャイ・ジャイマー氏によって描かれたラーンナー・スタイルの絵画作品が飾られ、チェンマイの風土を明るい色彩で伝えている。**3.**民族衣装で迎えてくれる。

DATA

🏠 199/163 Baan Nai Fun2 T.Maehia
📞 0-5383-8990、08-9850-3763　🈺 無休　🅒 可
🕚 11:00〜22:00　※英語可

Pai-fah Noodles
パーイファー・ヌードルズ

| MAP/ P168-B2 | **RESTAURANT** |

店主のレトロコレクションが面白い、ローカル食堂

　ソイ・ワットウモーンの人気のク
ウェティオ（米粉麺）食堂。50年代
のタイの歌謡曲が流れる店内には、
オーナーのラックさんが趣味で集め
た古いポスターが所狭しと飾られて
います。料理を担当する奥さんのヌ
イさんと、南タイのパタニー県で25
年間食堂を営んでいましたが、10年

ほど前に娘さんがチェンマイ大学に
入学したのに合わせて店ごとチェン
マイに引っ越した、という仲良し家
族です。外見は庶民的な食堂ですが、
スープは前日から仕込み、翌朝に再
度煮込むというこだわりぶり。つみ
れやチャーシューもお手製です。日
替わりのご飯メニューも要チェック。

1.日替わりでご飯メニューも登場。月・火曜はカオクルック・ガピ（エビ味噌ご飯）、水曜は毎週変
わる南タイメニュー（南部チキンカレーは激辛）、木・金曜は蒸豚ご飯、土・日曜はチャーシューご
飯。写真は水曜日の南部料理のカオヤム（ご飯のサラダ）45B。**2.**娘さんと一緒に。店名のパー
イは長女、ファーは次女の名前から。**3.**昔のタイのアイドルのポスター。ファッションに時代を感じる。

クウェティオ・ルークチン・トムヤム40B。トムヤム味のスープは激辛。朝食コーナー Charm Chao が登場。小さなフライパンで供されるベトナム風目玉焼きカイガタ35B など色々。

DATA

🏠 68/2 Moo5. T.Suthep
☎ 08-0499-0541　　🈺 無休　　🄲 不可
🕐 朝食7:00〜12:00、食堂9:30〜16:00

All About Coffee Pai
オールアバウト・コーヒー・バーイ

| MAP / P168-B2 |　　**CAFE**　　|

古い窓枠が素敵。丁寧に
入れてくれる珈琲を味わう。

木のぬくもりが心地よい、長居したくなるカフェ

　オーナーのエムさんとワットさん
ご夫婦の愛情が隅々まで行き届く、
居心地の良いカフェです。避暑地や
トレッキングで有名なメーホーン
ソーン県のパーイで1番の人気カ
フェとして16年営業した後、もう少
しのんびり暮らしたいとチェンマイ
に移住。ワットさんの焼くベーカ

リーを中心としたカフェメニューは、
パーイ時代より味や見た目を研究し
てきたもの。画家でもあるワットさ
んの愛らしい作品も多数展示されて
います。自ら古い建築材を集め、1
年かけて建てたお店には、心地よい
風や自然光が入り、どこか山深い
パーイの空気が漂っているようです。

1.人気のバノフィーパイ75B。練乳を長時間煮つめたコクのあるクリームとバナナの香りがなんともいえず、これを目当てに訪れるお客さんも多い。 **2.**ピタチキン＆マンゴーのベストドレッシングサラダ135B。 **3.**店内の壁にはエムさんの描く可愛らしい絵画作品が並ぶ。お土産にも。 **4.**素敵なご夫婦のエムさん（左）とワットさん。 **5.**市内から遠いのでソーンテオよりもトゥクトゥクやタクシー、グラブタクシーを利用して。

DATA

住 98 Moo 15, Soi 6 Khang Lek Laen2, Suthep
電 08-8253-6615　休 無休　C 不可
営 8:00～17:00

jibberish
ジブリッシュ

| MAP/ P168-A2 |　**SHOP**　|

ゆったりとしたシルエットとほんのり香る藍にリラックス。890B～。

チェンマイで染めた、藍の色をまとう

　ドーイ・カム寺の前の、シンプルで着心地の良い藍染めの洋服とナチュラルな風合いの雑貨店。デザインと制作をするナッターさんはショップの裏の工房で日々、布を染めています。藍染めは専門家の先生やタイ東北地方の産地で直接学んだのだそう。家でも外でも着たくなる

お洒落でかつ寛ぎのあるデザインはNAP（P102）でも評判を呼び、チェンマイのクラフトシーンにおける藍染めブームの火付け役となりました。また、パートナーのビーさんが作る繊細なリングやブローチは乙女心をくすぐる可愛らしさで、ジブリッシュの服とお似合いです。

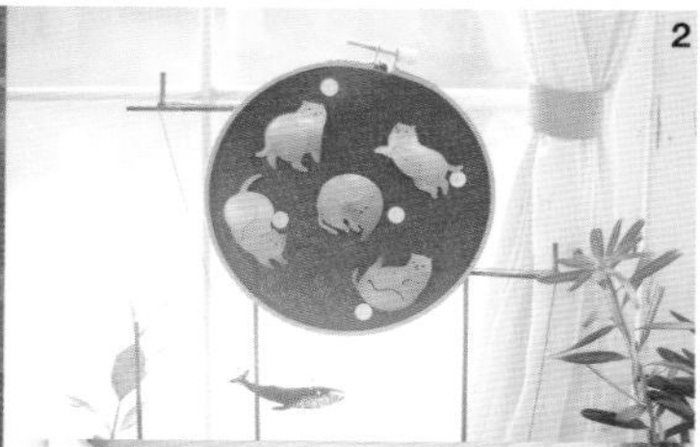

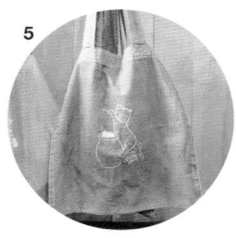

5

1.雑貨の間で猫が寝ている時も。2.ビーさんのジュエリーブランド「NABI」は、七宝焼きや彫金によるブローチやリングのアクセサリーを展開。3.オーナーでありデザイナーのナッターさんは猫たちと暮らしながら制作。日本の文化が大好きで、何度も日本での農村ステイを経験。いまや日本語が話せるまでに! 4.ワット・ドーイ・カム（P116）に登る道の向かい側にある白いお店。5.猫の模様の型染めバッグ。

DATA

🏠 230 Moo3, T.Maehia
☎ 08-6252-9489　休 土～火曜（電話で確認が確実）　C 不可
🕐 10:00～18:00　※英語可

ワット・ウモーン、ドーイ・カムエリア観光スポット

歩くのが好きな人は、ワット・ウモーンまではトゥクトゥクやソーンテオを利用して、寺からバーン・カーンワットまで歩き、帰りはバーン・カーンワットで乗り物を手配しましょう。ドーイ・カムエリアは乗り物をチャーターするのが便利です

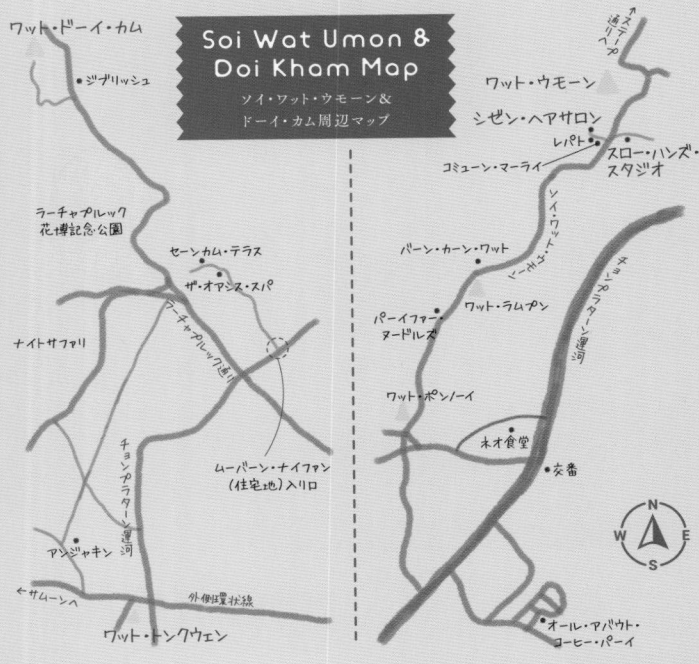

Soi Wat Umon & Doi Kham Map
ソイ・ワット・ウモーン＆ドーイ・カム周辺マップ

ワット・ドーイ・カム
・ジブリッシュ
ラーチャプルック花博記念公園
セーンカム・テラス
ザ・オアシス・スパ
ナイトサファリ
チョンプラタラーン運河
ムーバーン・ナイファン（住宅地）入り口
アンジャキン
←サムーンへ
外側は賃貸が軒
ワット・トンクウェン

→スラーム通りへ
ワット・ウモーン
シゼン・ヘアサロン
レバト
スロー・ハンズ・スタジオ
コミューン・マーライ
バーン・カーン・ワット
ソイ・ワット・ウモーン
パーイファー・ヌードルズ
ワット・ラムプン
チョンプラタラーン運河
ワット・ポンノーイ
ネオ食堂
安番
オール・アバウト・コーヒー・バーイー

N W E S

ワット・トンクウェン
Wat Ton Kwan
▶MAP/P168-A3

ラーンナー時代に重要だった古刹。煌びやかな寺院が多くを占める中、1858年建造の本堂や四方向に入り口のあるお堂、回廊など、古びた貴重な建築物が残る。観光客は少なく静か。

住 Ban Ton Kwan, Soi3　営 8:00〜17:00

ワット・ドーイ・カム
Wat Doi Kham
▶MAP/P171-A2

市内から約10km、カム山頂上に建てられた1300年の歴史ある寺。宝くじが当たると評判になり金運アップ祈願に全国から参拝客が訪れる。お礼参りにはジャスミンの花輪を。

住 Moo3 T.Mae Hia　営 8:00〜17:00

トンネルを抜けて裏側に出られる。

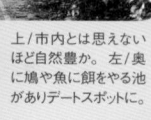

上/市内とは思えない
ほど自然豊か。左/奥
に鳩や魚に餌をやる池
がありデートスポットに。

ワット・ウモーン
Wat Umong　　　　　▶ MAP/P168-B2

ドーイ・ステープ麓に位置し木立の中にある古寺。1297年
マンラーイ王によって建てられた後、瞑想の修行の場としてト
ンネル（ウモーン）が作られた上に仏塔が建てられた。剥落
（はくらく）したトンネルの壁には鳥や花の壁画がわずかに残
る。神秘的な雰囲気が人気を呼び、昨今は観光客で賑わ
うので静かに回るなら少し早めの時間に訪れたい。

（住）135 Moo10,T.Suthep （休）無休 （営）4:00〜20:00

シゼン・ヘアサロン
Shizen Hair Salon　　▶ MAP/P168-B2

タイ人美容師のプラーイさんが丁寧にカッ
トしてくれる。その穏やかな時間も、ヘア
スタイルも旅の想い出に。カット700B〜。

（住）192 Moo5 Soi Wat Umong
（電）09-1858-0612 （休）月曜
（営）10:00〜18:00 ※要予約

スロー・ハンズ・スタジオ
Slow Hands Studio　　▶ MAP/P168-B2

薄手で使いやすい生活陶器を作るシュンさんのアトリエ兼陶
芸スタジオ。1日陶芸体験（1人800B、予約 Facebook
Slow Hands Studio）もできる。

（住）113/21 Chanhom 16, Moo 10
（電）08-1437-3611 （休）無休
（営）10:00〜16:00、土日11:00〜16:00

ネオ食堂
Neo Shokudo　　　　▶ MAP/P168-B2

有機栽培の大豆を使った手作り豆腐や
味噌、オリジナル発酵調味料、タイ北部
の旬の野菜を堪能できる精進料理店。

（住）4/13Moo5 T.Suthep
（電）09-7943-7039 ※日本語可
（休）月・火曜
（営）11:00〜17:00(L.O.16:00)

Commune Malai
コミューン・マーライ

| MAP/ P168-B2 | **SHOP** |

5つの個性的なハンドクラフトが集合

コテージやカフェに加えて小さな敷地に5つのユニークな雑貨店が集うコミューン・マーライ。古材を生かした温かみのある建物もかわいらしくて、それぞれの店を見てまわる楽しさがあります。ショッピングがすんだら、おいしいカフェメニューを注文して、庭の席で一息つきましょう。

右/マーライさんが物作りをする友人に声をかけ2011年にオープン。仲良しだからか、6つの店が心地よく調和している。 左/奥に女子専用コテージタイプのゲストハウスも（1泊1200B）。向かいには4棟の素敵なゲストハウス「パイヤーンノーイ・ゲストホーム」がオープン。宿泊予約はfacebook（paiyannoi guesthome）から。

DATA

🏠 36/14 Moo10, Soi Wat Umong
☎ 08-1602-6506　㊡ 火・水曜（ゲストハウスは無休）　🅲 不可　🕐 11:00～17:00　※英語可

Communista
コミュニスタ

タイ風プリント生地に手刺繍を施したタイ・ポップな洋服や小物を販売。収益の一部は森林環境を保護するNGOへ。

Hand Room
ハンド・ルーム

手縫いのステッチや刺繍がキュートな子供服専門店。お尻の大きなモンパンツやタイシャツは脱ぎ着が楽ちん。お子さん連れはぜひ。

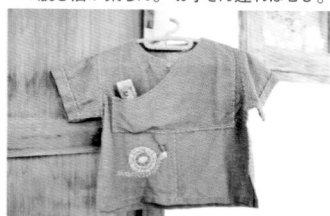

Jyn Tana
ジンタナー

ゆったりサイズの女性服はチェンマイ・コットンのやさしい風合い&ステッチ使いが素敵。カラフルな籠バックも欲しい!

Jitrakornpanich Art shop
ジタゴーンパーニット・アートショップ

画家のトムさんのギャラリー。やさしい色調で描かれたユーモラスな恐竜シリーズ、1200B〜。ポストカード1枚40B。

Paper Spoon
ペーパー・スプーン

入ってすぐ左側、木造2階建ての1階と2階はペームさんのカフェ&雑貨店。2階にはちょっと懐かしいテイストのハンドメイド雑貨や古着、陶器など。大人気のスコーン45Bはしっとり系。パッションフルーツやタマリンドのソーダ60Bなど、南国ならではのドリンクは元気になる味です。

Baan Kang Wat
バーン・カーン・ワット

| MAP/ P168-B2 |　　**SHOP**　　|

手作り感溢れるお寺近くのコミュニティーモール

　ソイ・ワット・ウモーンには若者向けのミニモールが数カ所あり、中でも規模が大きいのが、ワット・ラムプンの斜め向かいにあるバーン・カーン・ワットです。"寺の横の集落"という意味のこの場所は、昔風の13棟の小さな家が建てられ、それぞれカフェや雑貨店になっています。真ん中の広場ではイベントが開催され、特にクリスマス・シーズンは屋外映画祭やライブ、クラフト作家による展示販売、屋台、ワークショップなどで賑わいます。また、毎週日曜日の朝に青空マーケットが開催され、オーガニックフードやコーヒー、クラフト雑貨などのブースが並びます。

1.ギャラリー・スペース『15.28 studio』では写真展や水彩画展などを開催している。水彩画の教室もあり外国人にも人気。2.Tシャツや木工、陶器の雑貨店。3.『マハーサムット・カフェ』では本を自由に閲覧でき、ゆったりと過ごせる。4.タイ北部の豆にこだわるオールド・チェンマイ・カフェ。ケーキも美味しい。5.木材を使った昔ながらの小さな建物が並ぶ。6.オープンエアのカフェでのんびりとティータイム。7.外国人に人気の日曜のマーケットに登場する、美大生のアクセサリーショップ。1つ50B〜。8.韓国人デザイナーによるカラフルな食器や雑貨と、ナチュラルな雰囲気のゲストハウス『イナフ・フォー・ライフ・チェンマイ』。

DATA

🏠 191-197 Moo5, Soi Wat Umong
☎ 08-6613-4759,09-0056-9042　🈺 月曜　🅒 不可
🕐 10:00〜18:00　※英語可

森と共存するカレン族のコーヒー

日本ではまだまだ知られていないチェンマイのコーヒーですが、
山間部にある産地のことをちょっとだけ想像しながら味わってみて下さい

左/11～12月頃コーヒー・チェリーが赤く色づく。　右/一粒ずつ丁寧に収穫。

森の空気の中で育つオーガニックコーヒー。

『バーン・カーン・ワット』(P120)のサンデー・マーケットでもドリップ・コーヒーが味わえる。焙煎した豆250g 200Bも販売。ドリッパーで丁寧に入れてくれるので、豆の香りを十分に堪能できる。

　アラビカ種のコーヒーは標高1000～2000mに育つ作物で、山岳地帯が多いチェンマイは生産地として適しています。そんな山に住む生産者自らがコーヒー・ブランドを立ち上げ、街でカフェを経営するところもあります（P84『アカアマ・コーヒー・ラファットリア』参照）。チェンマイのメーワン郡の

カレン族が中心となって生産するレパト・コーヒーもその1つ。カレンの人々の森と共存した暮らしや森に生きる権利について、おいしいコーヒーを通して街の人たちに知ってもらいたいと、品質や収穫高を向上させてきました。森の木陰でゆっくりと成熟したコーヒー豆は深い香りと味わいがあります。

DATA　　　　　　　　　　　　　　　　　　　　　　▶MAP/P168-B2

レパト　Lapato

36/15 Moo10 Soi Wat Umong　☎08-1716-6913　不定休　不可
P120『バーン・カーン・ワット』の日曜マーケット、P164『ホシハナ・ヴィレッジ』などで購入可能

Chiang Mai
Sankamphaeng & Other Areas

— サンカンペーン＆その他のエリア —

| MAP/ P169-C2~D2 |

昔ながらの傘作りの村があることで有名なサンカンペーンで、伝統工芸を見学。
ドーイステープ周辺やタイ最高峰のドーイ・インタノンなど、郊外のおすすめエリアでは、
豊かな自然の中での特別な体験が待っています

Meena Rice Based Cuisine
ミーナー・ライス・ベースド・キュイジーヌ

| MAP / P169-C2 | **RESTAURANT** |

5色のご飯で味わう、創作タイ料理

店名の「ミーナー」には、「3月」という意味の他に「田んぼがある」という意味もあります。エントランスには小さな田んぼがあり、緑いっぱいの敷地には高床式の米蔵がいくつも移築されていて、その高床下の席で、見た目にも美しく、ご飯がすすむタイ料理を味わうことができます。こだわりのご飯は、ジャスミン米（白、黄、青）やライスベリー、ブラウンライスなど5種類から選べます。ご飯をまぶして揚げたエビフライやライスベリーのジュースなどユニークなメニューもあり、お米の美味しさをいろんな調理法で提供。楽しく味わえます。

1.50年以上の古い米蔵はロケーションも最高。行き方は、チェンマイーサンカンペーン通りの「バーンセラドン」の路地を入り、左手にあるシーマーラーム寺で左に曲がり、最初の路地を右に曲がった突き当たり。乗り物を手配しよう。**2.**サクサクっと揚がったお米の衣のエビフライ120B。**3.**ほのかに甘いライスベリーとハーブのドリンクはライスベリー入りアイスキューブと稲穂がトッピング。パスタのストローで。45B。**4.**風の通る高床式の米蔵の下の席は、ちょっぴりプライベートな空間。

手前 / 歯ごたえの良いカジョン花の卵炒め120B。手前左 /5色ごはん25B。中左 / ホーモック（魚のすり身のカレー蒸し）120B。中央 / 煎餅付きチキン・マサマン・カレー150B。右奥 / ラープ（豚肉サラダ）100B。

DATA

🏠 13/5 Moo2, Sanklang, Sankamphaeng
📞 09-5693-9586, 08-7177-0523　㉃ 水曜　C 可
🕐 10:00〜17:00　※英語可

Junjun shop&cafe

ジュンジュン ショップ＆カフェ

| MAP / P169-C2 | **CAFE** |

愛らしいカップケーキは
1つ20B。ホット・ラテ
45B、アイスラテ50B。

カップケーキとコーヒー、雑貨に囲まれ、ほっとひと息

　店主のジュンさん手作りのカップケーキは、コーヒーやパッションフルーツなど10種類以上の味があり、それぞれ違ったデコレーションの可愛らしさに写真を撮らずにはいられません。しっとりやわらかで甘すぎず、コーヒーと良く合います。彼女が作るハンドメイド雑貨やふわっと

したシルエットの洋服も要チェックです。古い薬屋や商店で見つけてくるというデッドストックのホウロウの箱や薬瓶や文房具など、1点もののアンティーク雑貨も並んでいます。レンガ作りの内装を生かした温かみのあるディスプレーは、眺めているだけでほっこりした気分になります。

1.2010年からニマーンヘーミン通りでお店を始め、2年前に実家に移転。限られたスペースを素敵にディスプレーしている。**2.**庭の見える小さなカウンター席は心地良い風が入る。**3.**柔らかな陽射しのテラス席。**4.**友人の雑貨作家の作品が並ぶ。陶製の猫のブローチ120B。**5.**オーナーのジュンさん（左）はお菓子と雑貨を、チャーブさんはコーヒーを担当。

DATA

🏠 1/2 Moo3, T. Sanklang, Sankamphaeng
📞 08-9173-1933　㊡ 月曜　🚗 不可
🕐 8:00〜17:00　※英語可

PaKerYaw

バカヨー

| MAP / P169-C2 |　　**SHOP**　　|

元は倉庫だったという広い店内は、美しい工芸品で埋め尽くされている。

古布から現代のデザインまで、質の高い手仕事が集まる

チェンマイはアジア雑貨のバイヤーが多く訪れる街ですが、特に質の良い布製品を探している人が必ず訪ねるのがこのお店です。オーナーのブンリンさんは、40年ほど前に、チェンマイで知り合ったカレン族の女性達の助けになればと、ナイトバザールで彼女達の手織りの布を販売したのが店を始めたきっかけだそうです。ちなみに店名の「パカヨー」はカレンの人たちの自称です。店には様々な山岳民族やタイ各地の民芸品が集められ、その数も種類も圧巻！ まるで民芸博物館のようです。根気良く自分だけの宝物を見つけてください。

1.高度な刺繍の技術を伝承するヤオの女性による刺し子のバッグは一生もの。 1950B。 **2.**カレン族の華やかな色彩に釘付け。 **3.**様々な民族のシルバーアクセサリーは存在感抜群。 **4.**オーナーのブンリンさん。1982年にナイトバザールでオープンし、2016年にサンカンペーンに引っ越した。

DATA

🏠 136/1 Baan Moo2 Soi 4, T. Sanklang, Sankamphaeng
☎ 08-9432-0272　㊡ 日曜　© 可
🕘 9:00〜17:00　※英語可

Column.23

チェンマイで見つけたい、山岳民族の手仕事

独特の色使いや形、装飾の細かさなど
芸術性の高さと美しさが秀逸な民族衣装。
タイ北部の山岳民族のスタイルが、
チェンマイ・クラフトの特徴の一つになっています

タイには120万人の山岳民族が住み、ミャンマーやラオスと国境を接するタイ北部にはその半数余りが暮らしています。代表的な民族は、カレン、モン、ヤオ、アカ、リス、ラフ、ラワで、それぞれに言語や文化が異なります。どの民族衣装も鮮やかで、チェンマイ市内でもローカルな市場などで着ている人を時折見かけます。時代と共に刺繍や織りの技術は廃れつつありますが、一方で、パカヨー（P128）やヌサラー（P50）をはじめ、手仕事を支援する人たちもいて、その技を用いた新しいもの作りも行われています。

カレン Karen

タイに住む山岳民族の中のほぼ半数を占める。タイの山岳民族の多くは中国南部からの移住であるのに対し、カレンはミャンマー東部が起源といわれる。床に座って織る腰織りの布をはぎ合わせた貫頭衣には細かい織り模様や刺繍が施されている。未婚の女性は白いワンピースを身につける。

青モンの麻の布を埋め
尽くすろうけつ染めの
模様は全て手描きの
細かい作業。

モン
Hmong

タイ北部の他、中国
南部、ラオス、ベトナ
ムに住む民族。タイには
青モンと白モンが住む。
幾何学模様で埋め尽くし
たろうけつ染めの上に、
細かな刺繍やアップリケ
を加え、プリーツを施した
スカートは手が込んでい
る。ワローロット市場
（P59）で購入可能。

ヤオ
Yao

女性の黒っぽいズボンに
びっしりと施されたクロス
ステッチの刺繍は、裏側
も模様が乱れないという
難易度の高い手法が
用いられている。チェ
ンマイでブームの刺
子のバッグや服もクオリ
ティーの高いものはヤオの
女性たちによるもの。

リス
Lisu

スカートのようなシルエット
のズボンの上に、カラフ
ルな丈の長い上着を合わ
せた衣装。肩や襟に細
い布を縫い合わせた装飾
が入る。正装は腰の後
ろにポンポンの付いた長
い房飾りを下げる。その
紐は細い布を手でかがる
細かな作業だ。

アカ
Akha

ブランコ祭りで有名。ナイ
トバザールで手工芸品を
売り歩いたり、小さな屋
台を出したりしている。上
着の後ろやカバン、脚絆
には目の詰まった細かなク
ロスステッチとアップリケ
で埋め尽くされ、その色
使いや模様は斬新。

上／長い房飾りを編ん
だ籠。バカヨーにて。
下／ポーチ。モン族市
場周辺にて。

イミテーションの丸い飾り1つ
25B。ワローロット市場にて。

MAIIAM Contemporary Art Museum
マイイアム現代美術館

| MAP/ P169-D2 | **ART GALLERY** |

タイの寺院装飾に使われる鏡のモザイクを張り巡らせたという。建物自体がアートのよう。

東南アジアの現代美術が集う、モダンなギャラリー

のどかな田舎の風情を残すサンカンペーンの旧道に、突如キラキラ輝く鏡張りの建物が現れます。ここはチェンマイで唯一の本格的な現代美術館で、タイを中心とする東南アジアの現代美術家の作品が展示されています。全てジョン・ミシェル氏とその家族のコレクション。元は古い工場だったという広大な建物の1階には、アートショップやお洒落なタイ料理レストランがあり、企画展が開催されています。2階の常設展では、チェンマイにゆかりのある現代アーティストのインスタレーションや絵画作品も多数展示され、見ごたえのある内容になっています。

1. Navin Rawanchaikul Super（M）art Bangkok Survivor 2004-2015 幅広い層にアートに親しんでもらいたいと館内は撮影自由。日本とチェンマイを拠点とする人気現代美術家ナウィン・ラワンチャイクンの大作と一緒に記念撮影をする若者も多い。**2.** Prasong Luemuang Kor kon 1998 チェンマイの隣、ランプーン県出身のプラソン・ルームアンによる絵画作品はタイ北部に伝わる絵画を下敷きにしている。**3.** チェンマイ在住のコンテンポラリーダンサーのロンナロン・カンパによるパフォーマンス。特別展のオープニング・イベントにて。**4.** ショップでは展覧会の図録などが販売されている。

DATA

🏠 122 Moo7 Tonpao, Sankamphaeng
☎ 08-1386-6899 　休 火曜 　🅲 不可
🕐 10:00〜18:00（レストランは11:00〜21:00）　🎫 入場料150B、12歳以下無料 　※英語可

Column.24

傘づくりと紙すきの町、ボーサーンへ

工芸が盛んなボーサーンは
散策しても楽しい町。
素晴らしい手仕事に触れ、
自分好みの一品をお土産に持って帰ろう

サンカンペーン郡にあるボーサーンは唐傘の産地です。メインの通りには傘の販売店や工房が並んでいます。唐傘はチェンマイを宣伝する時のイメージに欠かせない工芸品ですが、日常に使われることはほとんどなくなりました。最近は歩行者天国などで昔ながらの雰囲気を出すために出店で大きな唐傘を使うことが奨励されており、傘作りの町の収入源になっているようです。また、この周辺では、独特の凸凹した質感が魅力のサー・ペーパーという紙が作られています。**ボーサーンへの行き方：**サンカンペーン方面の白いソーンテオ（P13）はワローロット市場のピン川沿いから出ている。携帯のGPS機能と併せて使うと便利。

ホテルか豪邸用の大きな傘も全て手作り。内側に施す飾り糸が美しい。

傘づくりを見るなら

アンブレラ・メーキングセンター
Umbrella Making Centre
▶ MAP / P169-D2

種類豊富な唐傘の販売と紙すきから絵付けまで全ての工程が無料で見学できる。絵付け師が携帯や財布に傘の柄風の模様を描いてくれる。所要時間約10分、100B〜。小さめに描いてもらうとかわいい。

🏠 112/2 Moo3, T. Sanklang, Sankamphaeng
📞 0-5333-8324　🈳 無休　🅲 可
🕐 8:00〜17:00　※英語可

左/筆やチューブを使って絵付け。花や鳥、風景、タイの模様など様々。右/年季の入った職人さん。

紙細工が彩る3つのお祭り

チェンマイ人はカラフルなものが大好き。
色とりどりの紙細工で飾られるお祭りは心踊る美しさ

ボーサーン傘祭り
Bo Sang Umbrella Festival
▶ MAP / P169-D2

傘祭りの期間中、サンカンペーンの傘の店や工房の並ぶ通りはカラフルな傘で飾られます。伝統衣装を着て傘をさした乙女たちが自転車で通りを1日何往復もしてくれ、写真を撮る人には人気があります。市内の他のお祭りに比べ、やや華やかさに欠けますが、通りのひなびた風情やレトロな雰囲気も味わえます。◆毎年1月の第3金～日曜開催

町中にカラフルな傘が飾られる

飾の灯篭の温かい光に包まれる

ローイクラトン
Loy Krathong
▶ MAP / 各寺院にて

幸福を招くというカラフルな紙の灯篭は、各家や寺の門、旧市街のお堀など街中に飾られ、ローイクラトンの夜を彩ります。多角形や星型など形は様々で、光が灯ると幻想的です。メインの行事では、水の神メーコンカーに感謝と謝罪を込めてクラトン（バナナの葉で作る灯篭）を川に流したり、紙の熱気球コムロイ（コムファイ）を空にあげたりします。◆11月頃の満月の夜（陰暦12月の満月）開催

ソンクラーン（タイ旧正月）
Chiang Mai Songkran Festival
▶ MAP / 各寺院の境台にて

ピーマイ・ムアンとも呼ばれるタイ旧正月には、お寺へ行く時は紙の旗を持参して、境内の砂の山にさす風習があります。この旗や七夕の紙細工そっくりの飾りには、地獄に落ちてしまった祖先の魂をすくい上げるという意味が込められているそうです。他に干支の判子を押した旗や天使を模した旗もあります。寺でも販売しているので、ぜひ参加してみてください。◆毎年4月13～15日開催

この世とあの世を結ぶ紙の旗

Column.25

ひと足のばして郊外観光

ドーイ・ステープ国立公園周辺

チェンマイの聖山ドーイ・ステープのある国立公園周辺には、
有名なワット・プラタート・ドーイ・ステープ以外にも見どころがあり、
タイ北部の自然の魅力に触れることができます

ドーイ・ステープのドーイは「山」という意味で、標高1080mの頂きに輝くのはワット・プラタート・ドーイ・ステープの仏塔です。チェンマイの人にとって大切な聖地で、県外から訪れたタイ人もお参りに行く場所です。麓には寺までの参道を作ったラーン

ナー時代の高僧クルーバー・シーウィチャイの像が祀られ、中腹には緑滴る森の寺ワット・パーラートがあり、さらに奥へ進んだドーイ・プイではモン族の村を散策できます。麓のチェンマイ動物園は広大な敷地の中にあり、動物や自然が好きな方にはおすすめです。

チェンマイを象徴する山の上の寺院

ワット・プラタート・ドーイ・ステープ

Wat Phrathat Doi Suthep
▶ MAP/P168-A1

第6代グーナー王がスアンドーク寺の仏舎利の一部を白象に運ばせて、象が留まった場所に仏塔を造ることにしたのが、この寺の由来だ。ちなみに象は途中で3度休み、その1つがワット・パーラートのある場所だったという。仏塔の周りは土足厳禁。靴置き場の付近で販売している花を持って、仏塔の周りを時計回りに3周したら仏塔に花を供える。ラーンナーの仏塔の中には、干支が決まっているものがあり、この仏塔は未年生まれの人が拝むと大きな徳が積めるといわれている。

行き方

動物園手前にソーンテオ(P13)が待機していて、10人集まると出発。片道1人40B、往復80B(寺付近にたくさんソーンテオが停まっているので片道ずつでもOK)。ドーイ・プイまでは片道90B、往復180B(ドーイ・プイまで行くなら往復が便利)。時間がない時はチャーターするのも手。10倍の値段だが、交渉すれば少し安くしてもらえる。

住 9 Moo 9 T.Sthep
休 無休
営 6:00~21:00
料 拝観料30B

306段のナーガ（龍）の階段。ケーブルカー（往復、拝観料込み50B）もある。

1384年建立、高さ22mの金色に輝く仏塔は麓からも輝いて見える。

Around Doi Suthep-Pui National Park Access Map

ドーイ・ステープ国立公園
アクセスマップ

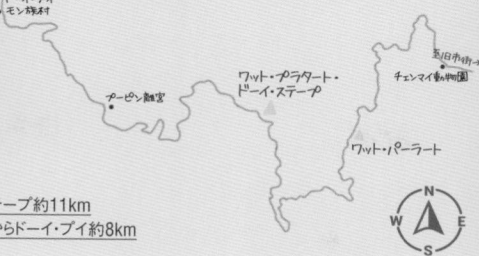

ドーイ・プイ
モン族村

ワット・プラタート・
ドーイ・ステープ

五日市神行
チェンマイ動物園

ブーピン離宮

ワット・パーラート

N
W E
S

麓からワット・パーラート約3.5km
麓からワット・プラタート・ドーイ・ステープ約11km
ワット・プラタート・ドーイ・ステープからドーイ・プイ約8km

チェンマイ動物園
Chiangmai Zoo
▶ MAP/P168-B1

緑いっぱいの動物園。300種類の動物の他、パンダやコアラが人気。キリンやカバの餌やりやオットセイやオウムのショーなど楽しいアトラクションも。一周3.8km、起伏もあり、歩くと大変なので園内を周るシャトルバス（9:00～16:30）を利用しよう。

🏠 100 Huaykaew Rd, T.Sthep
🈳 無休　🕐 8:00～17:00
🎫 入場料大人150B、子ども100B、
　　園内を走るバス20B（乗り降り自由）、
　　パンダ館（9:00～16:00）
　　大人250B、子供120B、
　　水族館大人520B、子ども390B

ワット・パーラート
Wat Pha Lat
▶ MAP/P168-A1

ワット・ドーイ・ステープに行く途中にある古刹。別名ワット・サキターカーミー。境内には滝が流れ、苔むした仏塔や黒い肌の御本尊、古井戸があり、どこか神秘的な空気が流れる。チェンマイを一望できる眺めが良い。動物園裏口側のワット・ファーヒンの横から歩いて登るコース（登り約40分）は西洋人に人気。

🏠 101 Moo 1 Sriwichai Alley
🈳 無休　🕐 8:00～17:00

ドーイ・プイのモン族村
Ban Hmong Doi Pui
▶ MAP/P168-A1

標高1,685mのドーイ・プイにあるモン族の村。お土産物屋が並ぶ観光エリアと村人が住むエリアがある。貸衣装を着て花の咲く庭で写真を撮るタイ人が多い。12月～1月頃は桜の原種ヒマラヤ桜が満開になる。個人でいく場合はワット・ドーイ・ステープから村へ行くソーンテオが出ていて、そのままチャーターして市街地まで帰るのが便利。

🏠 Moo11, Doi Suthep-Pui National Park,
　　T.Suthep　🈳 無休　🕐 8:00～17:00

Column.26

ひと足のばして郊外観光

タイ最高峰のドーイ・インタノンへ！

タイ最高峰のドーイ・インタノンは海抜2565m、
チェンマイの南西部に位置する山です。
市街地から車で2時間ほどで頂上まで行くことができます

Around Doi Inthanon National Park Access Map
ドーイ・インタノン国立公園
アクセスマップ

旧市街から約100km（車で約2時間）

ドーイ・インタノン山
キウメーパーン・ハイキングコース
パー・ドークシアオ・ネイチャー・トレイル
ドーイ・インタノン国立公園入口
旧市街
1009
108

丘を登りきったところで、下界の村とはるか遠くに連なる山脈のパノラマが広がる。平均気温は12℃。

　ドーイ・インタノンは、寒期には霜が降りるほど気温が下がり、あえてその寒さを求める観光客やキャンプ客でにぎわいます。ドーイ・インタノンの大自然を気軽に楽しめる「キウメーパーン・ハイキングコース Kew Maepan nature taril」は、全長3.2km、2時間程のハイキングコース。苔やシダ植物が生い茂る深い雲霧森（クラウドフォレスト）から、眺めのいい尾根伝いの"雲の上の散歩道"まで、バラエティーに富んだコースです。道は整備されていて、険しい場所は一切ありません。地元のモン族やカレン族の人たちがガイドにつき、道を先導しながらドーイ・インタノンの自然について教えてくれます。

クマの爪跡。2億3千万年前から生息するという古代シダも自生している。

上／プミポン国王とシリキット王妃のための仏塔をお参りする観光客も多い。下／ヒマラヤ山脈の外れに位置し、12月頃にヒマラヤシャクナゲが咲く。

地元のガイドがいろいろと説明してくれる（英語可）。

キウメーパーン・ハイキングコース　Kew Maepan nature taril　▶ MAP／P169-D4

🏠 1009, T. Ban Luang, A.Chom Thong　📞 0-5328-6728　🈲 無休　🕐 6:00〜16:00

所要時間	約2〜3時間
料　金	ガイド料1グループ200B（10人まで）、国立公園入園料300B。
開山期間	11月1日〜6月30日 ※11〜4月がおすすめ。11〜2月は気温が下がるため防寒具が必要。雨季の5〜6月はヒルが発生するため、サンダルや黒いズボンの着用（ヒルが見えにくいので）は控えること。
注意事項	①大きな音を立てない ②ゴミを捨てない ③道順から外れない ④森のものを持ち帰らない（写真はOK）⑤食事不可（水はOK）
アクセス	ツアー会社で運転手付きの車をチャーターするのがベター

CHECK!　もう一つの　ハイキングコース

パー・ドークシアオ・ネイチャートレイル
Pha Dok Sieo Nature Trail　▶ MAP／P169-D4

ドイ・インタノンの頂上へ向かう1009号線の途中にある、パー・ドークシアオ・ネイチャートレイルでは、ドークシアオ谷の滝や自然を、地元カレン族のガイドが案内してくれる。予約をして道沿いの看板が出ているところで待ち合わせ、そこから森を抜けてメーグラーンルアン村まで約2時間のウオーキングコース。道は歩きやすく、幾つもの滝と棚田の景色が美しい。最後に村で採れたコーヒーで一服。帰りは村から車で送ってくれる。

🏠 Mae Klang Luang Village T.
　Ban Luang, A. Chom Thong
📞 09-3131-3850（タイ語）、
　08-4369-9199（英語可）
🈲 大雨時以外通年
💰 ガイド料金300B（10人まで）
※市内から約90km（車で約1時間半）、ツアー会社にアレンジしてもらうのがベター

上／幾つもの滝があり、休憩しながら進んで行く。右／珍しい昆虫や生物もいる。

Column.27

ひと足のばして郊外観光

エレファント・キャンプへ

自然豊かな山々に囲まれたチェンマイには
多くのエレファント・キャンプがあります。
大きくて賢い象との触れあいは、
日本では経験できない特別な思い出になることでしょう

Elephant Camp Access Map
エレファント・キャンプ
アクセスマップ

メーサー・
エレファントキャンプ
市内から約25km
タイ・エレファント・
ホーム
市内から約50km

タイ・エレファント・ホーム

メーサー・
エレファント キャンプ

旧市街

タイの動物といえば、やっぱり象。野生の象が生息しているタイでは、昔から象は木材の運搬や重労働に利用され、人々の生活に深く関わってきました。チェンマイでもチーク材を運ぶのに象が使われていましたが、タイの森林伐採が禁止になり、働き場所とかつての豊かな森を失った多くの象は、エレファント・キャンプなどで象使いと共に暮らしています。

SPOT1

ディープに象使い体験

タイ・エレファント・ホーム
Thai Elephant Home

象とその周りの環境を考えたエレファント・キャンプ。象使い体験では、まず象についてのレクチャーを受けます。その後、鞍を付けずに直接乗る方法を教えてもらったら、森の中へ。象にも人間にもお肌に良いという泥のあるポイントで肌に泥を塗ってあげると、とっても気持ち良さそう。そのまま山を下って川に入り、水浴びタイム。その頃には象が鼻で水をかけてくれたり、持ち上げてくれたり、すっかり仲良しに。かわいい仔象と遊ぶコースもあります。

象は川で水浴びをするのが大好き!

DATA ▶ MAP/P169-D3

🏠 102 Moo2 Kuedchang, Maetaman Village, T.Kudchang, A. Maetaeng
📞 08-9434-2047　休 4月15日　C 不可　⏰ 7:30～8:00頃出発、17:30頃帰着(1日体験)
💰 仔象と遊ぶ(Nuesery)120分2500B、1日3200B、
　象使い体験(Riding)120分2500B、1日4900B(宿泊先からの送迎、着替え込み)　※英語可

SPOT2

かわいい仔象に会える!

メーサー・エレファント・キャンプ

Maesa Elephant Camp

象の調教から保護までを担う、1976年オープンのチェンマイでは最も有名なエレファント・キャンプ。70頭もの象がいて仔象が多く生まれています。お絵描きやサッカーなどのショーが1日3回あるほか、象に乗って山道を散策するトレッキングなどのアクティビティーも。赤ちゃんの飼育所がある『メーサー・エレファント・ナーサリー』へは敷地内で繋がっているので、そちらも見学OKです。生まれたばかりの赤ちゃん象には触れることはできませんが、すぐ側で見学ができ、母親象や象使いに甘えるかわいい仕草が見られます。ショーは見ず、仔象に会うだけなら、数百メートル手前のナーサリー入り口から入りましょう。

上 /1歳程度になると直接触れたり、バナナをあげることもできる。 下 /2歳から絵を描く練習が始まる。象使いの右、左という言葉に合わせて筆を動かす。頭いい!!

生後2カ月。表情豊かな赤ちゃん象のかわいらしさはたとえようがないほど。「お母さん、大好き〜」

DATA

▶ MAP/P169-D3

🏠 119/9 1096 T. Mae Raem
☎ 0-5320-6247　🈺 無休　🅲 可　🕐 7:30〜16:30、ショー8:00〜、9:40〜、13:30〜
💰 入場料250B、象乗りトレッキング30分500B、
　　ナーサリーのみ入場の場合、入場料150B　※英語可

Small House Chiang Mai Thai Cooking School

スモールハウス・チェンマイ・タイ・クッキングスクール

| MAP / P170-B3 | **COOKING CLASS** |

日本語だから良く分かる！ アーム先生の料理教室

　ホテルに迎えに来てくれる物腰柔らかなアーム先生の、流暢な日本語のあいさつと優しい笑顔に心を和ませつつ、まずはチェンマイ門市場へ食材の買い出しへ。見たことのない野菜やハーブの名前を1つずつ教えてもらったら、そこから程近い教室へ移動。料理は先生が一度作り方を見せてくれ、その後で作ります。石臼でハーブのペーストを作ったり、ココナッツミルクを絞り完成した料理は、一品ごとに作りたてを味わいます。最後にもらえる日本語のレシピはとっておきの宝物になるはず。

1.チェンマイの人らしい穏やかな物腰のアーム先生。昔ながらの民家で習えるのも嬉しい。2.ハーブとスパイスの香り鮮やか！間違いなく世界一美味しいカオソーイ。3.チェンマイ門市場での説明も楽しい。

DATA

🏠 19/14 Thipanet Rd.　📞 09-5674-4550　🏖 不定休　🅲 不可
🕐 1部9:30〜15:30、2部16:00〜20:00　※英語可
💰 昼1人1500B（タイ北部料理4品、タイ中部料理5品）、
　　夜1人1300B（タイ北部料理かタイ中部料理各品）、定員4人。いずれも送迎込み
※予約 http://www.chiangmaithaicooking.com

Chiang Mai Home Host
チェンマイ・ホーム・ホスト

| MAP / P168-B4 | **COOKING CLASS** |

自然あふれる伝統的なチェンマイの暮らしと食を体験

旧市街から車で約20分のハンドン地区にある、昔ながらの田舎の暮らしを体験できる料理教室。モーホームという藍染めの野良着とタイの万能布パーカオマーを身につけたら、まずは土地の精霊を祀った祠に花を捧げてご挨拶し、先生の家族が住む古い木造家屋を見学します。台所には珍しい囲炉裏があり、もち米の炊き方を教えてくれます。噛むお茶ミヤン（P44）やハーブ園や果樹園の見学、92歳になるおばあさんの巻きタバコ作りなど、料理を作るまでにたっぷりと豊かな暮らしを学べます。

OTHERS

1.ジョーさんが中心となり、家族で温かく迎えてくれる。ミヤンを味見。**2.**タイ北部料理5品はもちろんペースト作りから。調味料の納豆はおばあさんお手製。七輪で煮炊きする。**3.**昔にタイムスリップしたのかと思うような空間。敷地内には大きな高床式の米蔵が3つもある。

DATA

🏠 3 Moo 11, Banvan A.Hangdong　📞 08-5706-4224　💤 不定休　💳 不可
🕐 9:30ホテル出発、14:00頃終了、15:30ホテル出発、19:30頃終了
💰 1人3500B、2人2500B、3〜5人2300B、送迎込み　※英語可
※予約 http://www.chiangmaihomehost.com

Tour company
おすすめの旅行会社

車の手配や現地発のツアーを、日本語で頼めるツアー会社

　チェンマイの見所は街だけでなく郊外にまで広がっています。ちょっと遠くへ足を延ばしたい場合や、タイトなスケジュールの中で効率よくあちこち回りたい時は、プロのツアー会社に相談するのがいいでしょう。予約や相談は事前にしておくのがおすすめです。

　言葉に不安がある人でも、日本人スタッフが常駐して丁寧に対応してくれるのでご安心を。英語や日本語のできるドライバー付きの車のチャーターもできます。チェンマイをより深く知りたい人は、ガイドさんに案内をお願いするのも手です。快適でスムーズな旅で、素敵なチェンマイの思い出をたくさん作ってください。

ナラツアー
Nara Tour
▶ MAP／P171-D3

　1991年設立の実績のあるツアー会社です。チェンマイ発着のタイ国内や周辺諸国へのツアーを日本語で案内してくれます。タイ最高峰のドーイ・インタノンやドーイ・ステープ周辺の観光など、遠くへ行きたい時の車の手配はもちろん、お隣りのランプーン県や花馬車で有名なランパーン県へのツアーもあります。航空券やスパやホテルの予約の代行も可能です。

🏠 Le DTa'wan 456　86-86/1 Sridonchai Rd.,
　T.Changklan
☎ 0-5327-4548　🏢 日曜・祝日　© 可
🕐 8:30～17:30
※メール nrtmp@loxinfo.co.th　※日本語可

チェンマイ・リメンバー・ホリデー
Chiang Mai RE-MEMBER Holiday

　車両を手配する場合、希望すれば日本語が話せるドライバーを紹介してくれるので、安心して旅をすることができます。目的に合わせて旅をアレンジしてくれるので、やってみたい事や行ってみたい場所があれば、相談してみましょう。カレン族の村での織りや染めの体験や、料理家から学ぶ本格タイ料理の教室など、個性的なツアーもあります。

☎ 08-1883-7923、08-7172-8821
© 不可
※メール chiangmairemember@gmail.com
※日本語可

Chiang Mai
Brand-new
Restaurant & Café

最旬レストラン & カフェ

歴史ある建物をリノベートしたラーンナー料理のレストラン、
ブームの予感大のチョコレートのカフェ……1人で立ち寄れる気楽なお店から、
完全予約のシェフズテーブルまで、幅広いチェンマイの最旬グルメシーンをどうぞ

Kiti Panit
キティ・パニット

| MAP / P171-D2 | **RESTAURANT** |

趣きのある建物で、ラーンナー料理の多様性を味わう

手前：ナムプリック・オン150B。右：ヤム・パクチー・ガイヤーン210B。奥：スープに浮かぶタイヤイミートボール、ヌアルン170B。

　北部料理やタイヤイ料理など、ラーンナー文化圏の豊かな食の魅力をベースにしたラーンナー・フュージョン料理のレストランです。バンコクでミシュラン1ツ星を獲得したレストランのシェフが、滋味深い北部の味に酸味や甘みを重ね、新しい味を生み出しています。また、専属パティシエによるタイのエッセンスたっぷりのスイーツやドリンクも見逃せません。築130年の建物は2019年に修復され、レストランとして甦ったばかり。建物に保管されていた古い写真や先代の思い出の品々も美しく展示されています。そんな格別な雰囲気で飲むカクテルも素敵です。

1. ヤムヘット・ガークア180Bはきのこのゴマあえ。サーブの時に目の前であえてくれる。3種のきのこを焼、蒸、煮の調理法で味に奥行きを出す。**2.** スペシャルなカーオソーイ290Bは一皿で2度楽しめる。まずはスパイスとハーブが香る超濃厚カレーソースを麺に絡めて。その後、スープを足せばお馴染みのカオソーイに。**3.** 家具もテーブルも建物に眠っていたものを使用。**4.** カーオマオ・ゴーン・ラートガティ190B　お団子にまぶされた薄緑色の粉はカーオマオという成熟する前のお米。ココナッツミルクに浸して。ぷりぷりのココナッツの実入り。**5.** ラーンナー・コロニアル様式の建物も見どころのひとつ。

DATA

🏠 19 Thapae Rd.
📞 08-8949-7996　🈺 無休　Ⓒ 可
🕚 11:30〜23:00

Khur Tai

クルア・タイ

| MAP / P168-B1 | **RESTAURANT** |

滋味あふれるタイヤイの本格家庭料理を味わう

タイで"タイヤイ"と呼ばれるシャン族は、隣国ミャンマーのシャン州に多く住む人々のことです。昔からタイ北部とは交易などで深い結びつきがあります。このレストランはタイヤイ縁のお寺がある旧市街北部にあり、料理上手のデートさん親子がシャン州から取り寄せたハーブやスパイスを使った本格的なタイヤイの家庭料理を食べさせてくれます。タイヤイ料理は野菜たっぷりでとってもヘルシー。スープや炒め物には納豆を潰して干した調味料（P74）をたくさん使うのが特徴です。お味噌のようなコクがあり、日本人にはどこかほっとする味かもしれません。

1.3.1階は食堂、2階（要予約）はレストラン。一般的なタイ料理メニューも揃う。旧市街北のラーチャバット教育大学手前の道を右に600メートルほど行った左手。**2.**店主のデートさん（右）と母親のターイさん。

長寿の薬草ツボクサをピーナッツであえたパックノーク・サー89B（手前右）、スパイスが効いたミートボール、ヌアルン159B（手前左）、地鶏のトマト&レモングラス煮込みガイウップ149B（中央）はおすすめ。納豆と唐辛子のディップのナムプリック・フー99B（右奥）。ハーブやごはんと一緒に。味噌汁のようなスープは、バナナの蕾（つぼみ）と豚のゲーンプリー、よりディープなタイヤイの味を体験するなら苦味のあるハーブと魚のヤーコムオーン99Bを。季節の野菜約8種を炒めたパックキアオ・クア99B（左奥）も美味。

DATA

🏠 Muen Dam Pla Kot Rd.Soi11 Chanphak 　📞 06-3119-8711
🈺 不定休 　⏰ 10:00〜21:00 　💳 不可

Mueng Raming
ムーン・ラミン

| MAP/ P169-C1 | **RESTAURANT** |

ベーシックなタイ料理から創作料理、もっとローカルな味まで

パッタイやバジル炒めなど、おなじみのタイ料理はもちろん、何人かで夕食を食べたい時にも、ひと手間かけた料理を出してくれる頼れるレストラン。家族経営のアットホームな雰囲気だから女性ひとりでも寛げます。人気のムーンラミン・ポークリブは、秘伝のスープで2時間煮込んだポークリブをさらにグリル。ナムプリック・ヌムと一緒に味わいます。カフェメニューには手作りプリンやクッキーが。裏メニュー（タイ語のみ）には北部料理もあり、外国人にもローカルにも愛されています。

外はカリッ、中はジューシーなムーンラミン・ポークリブ185B。右のパネーン・ガイ75B、空心菜の天ぷら、ヤム・パックブン・グローブ130Bもおすすめ。

1. ホーリーバジル（ガパオ）と挽き肉炒めはもちろん目玉焼きのせで65B（写真左）。エビ入りパッタイに揚げワンタンも付けてもらおう。パッタイ・クン・ギヤオグローブ75B（右）。ローカルに人気のゲーンソム・チャオム・グン85Bはタマリンドの酸味のある魚風味のスープ。具はアカシアの葉（チャオム）入りオムレツとエビ。**2.** キャラメルカスタード35Bは懐かしいママのプリンの味。**3.** 明るい内装で、こぢんまりしていても広く感じる。**4.** 味にうるさいチェンマイっ子にも人気。

DATA

🏠 83/3 Bumrungrad Rd.
☎ 0-5324-5371 🗓 水曜 💳 不可 🕐 10:00〜21:00（食事は11:00から。ラストオーダーは20:30）

Anjakinn
アンジャキン

| MAP/ P168-A3 | **RESTAURANT** |

料理の魅力をまっすぐに届ける、シェフズテーブル

女性シェフの「ゴイさん」ことカニッタカ・リマングーンさんのレストラン。バンコクで人気レストランを経営しながら、フレンチの出張シェフもこなしていたゴイさんは、チェンマイに移ってからはスタイルを変え、1日1組だけの完全予約制に。ゲストに合わせた「おもてなし」は評判を呼び、予約は2カ月先までいっぱいです。コースはタイ料理と西洋料理のふたつあります。タイ料理が好きな人は、伝統を追及するゴイさんの正統派タイ料理をぜひ味わってみて下さい。

1. 「人に味わってもらうことが自分の幸せ」とゴイさん。**2.** ローストダックとオレンジのサラダ。料理教室を兼ねた広いダイニングキッチンにわくわく。メニューは相談可。日本人に好評なのはハイゴショウ（チャプルー）の葉とカニのカレー、ゲーンプー・バイチャプルー。季節が合えばヤム・マンゴスチンも味わってみたい。**3.** 敷地にあるハーブ園。ローカルな素材で作る季節の味も魅力。

チューチー・グン。さっと揚げたブラックタイガーに、ココナッツミルクの入ったクリーミーなレッドカレーソースを絡めて。ハーブやスパイスの複雑な味が織り成す奥深い味。

DATA

🏠 86/3 Soi Ban Hua Tung 2.Nongkwai 📞 09-0561-4296
🚪 🕐 予約に応じて開店。1日1組完全予約制（定員4～10名）、1人950B～。アルコールは持ち込み可。
予約は電話かFB https://www.facebook.com/anja-kinnのメッセージから。プライベートな料理教室も開催。
💳 不可 ※英語可

Siamaya Chocolate
サイアマヤ・チョコレート

| MAP/ P 171-C2 | **SHOP** |

ブーム到来! チェンマイ産のチョコレート

カカオ豆からチョコレートになるまでの工程を一貫して行うビーントゥーバー（Bean To Bar）。そのチョコレート工房直営のショップが旧市街にオープン。チェンマイやタイ南部のカカオ豆を使用し、添加物は一切使用しない上質なローカル・チョコレートです。まずはフルーティーな風味の75％ダークチョコや濃厚な85％ダークチョコを。フレーバー系はタイのハーブやフルーツの風味が約10種類あり、試食しつつ悩む時間も楽しい！カカオニブやココアパウダーもお土産にぴったりです。

1.「International Chocolate Awards 2019 Asia-Pacific」にて、抹茶ミルク、ドリアン、ココナッツカレー（トムカー）味のチョコレートがそれぞれ銀賞と銅賞を受賞。小さなバー75Bは4つ買えばギフトボックスに。大きなバーは180B〜。季節限定の味もチェック。**2.**チョコレートドリンクはホットとアイス65B。**3.**フレンドリーなスタッフ。

DATA

🏠 127/7 Prapokkloa Rd. Tambon Si Phum
☎ 09-6873-1915　🛌 無休　💳 不可
🕐 12:00〜20:00、日曜10:00〜歩行者天国の終わる22:00頃

Chiang Mai
Special Experience

スペシャルな体験

旅先にチェンマイを選んだら、あとは思い出に残る滞在先と
日頃の疲れを癒す、とっておきのご褒美、スパを念入りにチェック。
もちろん、チェンマイへと運んでくれる航空会社もしっかり選んで。
この旅を特別な体験にするための、とっておきのスポット

Wara Cheewa Spa (Four Seasons Resort Chiang Mai)
ワラチーワ・スパ（フォーシーズンズ・リゾート・チェンマイ）

| MAP / P169-D3 |　　**SPA**　　|

ラーンナースタイルで癒やされる、至極のスパウェルネス

　自然豊かなメーリムにある五つ星ホテル、フォーシーズン・リゾートチェンマイのスパ。美しいラーンナー建築のスパ棟入口の小さなトンネルをくぐり抜ければそこは非日常の世界。心と身体を癒やし、バランスを整えることを目指したスパメニューは、健康やリラックス、美容など目的ごとに分かれていて、相談しながら組み合わせることができます。人肌に温められたマッサージベッドに横たわれば、バラの香りに包まれ、あとは至福の時間。郊外散策の帰りにリフレッシュするのもおすすめです。

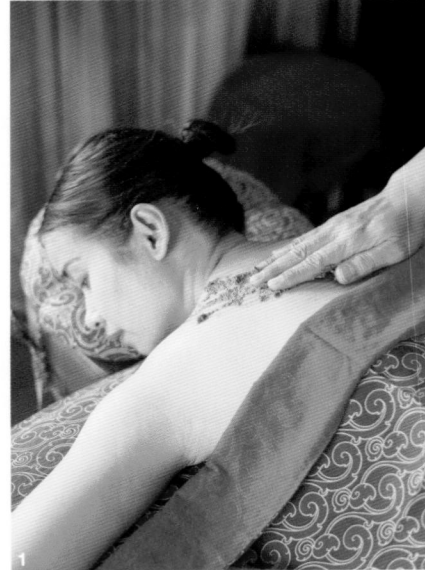

1. チェンマイのプリンセス、ダーラーラッサミー妃が改良したバラのパウダーと7種の花のパウダーを配合したスクラブを使用するChiang Mai's Princess Ritual（2時間半9900B）。お米とスパイスを配合したRice&Spice Scrub（60分4300B）も人気。お腹のマッサージチネイザン（60分4400B）、シルクのハーバルボールSilk Samunprai（2時間7500B）もある。**2.** ラーンナースタイルをコンセプトにした先駆け的存在。チェンマイのスパ業界の流れを作った。**3.** 施術後もくつろげる。

窓から緑の光がさすバスルーム。どの空間もリラックスムードが満ち溢れている。

DATA

🏠 502 MOO1 MaeRim-Samoeng Old Rd.
☎ 0-5329-8181　㊗ 無休　© 可　🕐 9:00〜16:30

The Village Spa (Tamarind Village)

ザ・ヴィレッジ・スパ（タマリンド・ヴィレッジ）

| MAP/P171-C2 | **SPA** |

旧市街の歴史あるホテルで、極上のスパ体験を

ゆったりとした空間もスタッフのおもてなしも心地良い。

　チェンマイのホテルでいち早くラーンナー建築様式を取り入れたタマリンド・ビレッジには、旧市街の中心地とは思えないほど穏やかな時間が流れています。その敷地の一番奥にあるのが『ザ・ヴィレッジ・スパ』。2階の心地の良いレセプションロビーで質問事項に答えたら、マッサージルームへ。タマリンド・ビレッジ独自のテクニックを盛り込んだ90分のおすすめコースや、ボディースクラブとフェイシャルトリートメント、オイルマッサージがセットになったお得な3時間コースを受けて、日ごろの疲れをじっくりと癒やしてはいかがでしょうか。

1.お洒落なスパのレセプション。おすすめはThe Village Signature Massage（90分3200B）、オイルマッサージ付き3時間コースTamarind Pampering（4200B）、オイルなしの3時間コースTop to Toe（4000B）。**2.**プールサイドのオールドハウスはレストラン「ルアン・タマリンド」。北部料理が味わえる。プールを見下ろす2Fのカフェスペースも素敵。**3.**悩みポイントに合わせたオイルを選びたい。**4.**タイマッサージは最初にハーブを浸したお湯で足を洗ってくれる。**5.**ラーンナーデラックス・ルームにはバルコニーがついている（4300B）。スパを受けたら部屋でのんびり。**6.**スパの飾り。**7.**ワット・トンクウェン（P116）の回廊を模倣した通路。

DATA

🏠 50/1 Rachadamnoen Rd.
📞 0-5341-8869 ext.6000　　🈺 無休　　🆑 可
🕐 10:00〜22:00（最終受付20:30）　　※英語可・別途サービス料と税が必要。

The Oasis Spa
ジ・オアシス・スパ

| MAP/ P168-A3 |　　SPA　　|

チェンマイだから味わえる、本当のリラックス

　高級リゾート感と寛ぎに溢れる空間で受ける、極上のマッサージをチェンマイ滞在中にいかがでしょうか。チェンマイ市内に5店舗あり、バンコクやパタヤ、プーケットにも支店があります。こまやかなサービスに日本人のファンも多く、アーユルヴェーダのシロダーラというメニューが人気なのだそう。他にも、ベテランのセラピストによる丁寧なタイ古式マッサージはすみずみまでほぐれていくのが実感できるはず。ホットストーンやアロマオイル・マッサージなど、メニューも多彩。

1.スタッフの細やかな心遣いにも癒される。オリジナルブレンドのトリートメント・オイルは、もちろん100パーセント天然素材。2.体も心もほぐれる。

DATA

🏠 Baan Saen Doi, 199/135 Moo5 3 Chonpratan Rd.,Mae Hia　☎ 0-5392-0111　🈺 無休
💳 可　🕙 10:00〜22:00（最終受付21:00）　※英語可
🈯 ボディスクラブ＋ホットオイル・マッサージ＋フェイシャルがセットのWonderful Oasis150分3500B（税・サ別）など　その他：Lanna店（MAP P66）、Chiang Mai Gat店（MAP P90）

Yaang Come Village
ヤーン・カム・ビレッジ

| MAP / P171-D3 |　　**HOTEL**　　|

タイルー様式のリゾートに流れる穏やかな時間

　建物も内装もタイルー族の建築様式にこだわったホテルです。ナイトバザールまで徒歩3分の場所にありながら、幾層にも屋根が重なるレセプション棟に入るとラーンナー世界が広がります。中国雲南省にルーツをもつタイルー族はラーンナー文化を築いた民族のひとつ。その末裔であるオーナー自ら雲南省のタイルー建築を研究し、このホテルを完成させました。タイルーの里をイメージしたランドスケープは緑豊か。そんな大らかな雰囲気がお子さん連れの方にも人気が高い理由かもしれません。

1. 美しいタイルー様式の建物を臨むプール。 **2.** ベッドルームの壁にはラーンナー絵画が。窓辺の植物に癒される。 **3.** タイルーの民族衣装を着たフロントスタッフが迎えてくれる。

DATA

🏠 90/3 Sridonchai Rd.Changklan　　☎ 0-5323-7222
🈳 無休　　C 可　　🕐 チェックイン14:00〜、チェックアウト〜12:00
💰 デラックス4600B〜（〜3名）、ファミリー5600B〜（4人）

Baan Burong
バーン・ブロン

| MAP/ P168-B2 | **VILLA** |

丹精された庭に囲まれたヴィラで、暮らすようにステイする

小さな建物の方は東屋付き。ハンモックに揺られながらお庭を眺めたい。

オーナーのブロンさん宅にある美しい庭に建てられた2棟のラーンナー・スタイルのヴィラは、「Airbnb」に登録の宿泊施設です。一軒家に暮らすようにのんびり過ごして欲しいと3日以上滞在のお客さんを対象にし、冷蔵庫には新鮮な玉子や果物など3日分以上の朝食の材料が準備され、自由に調理できます。室内はタイとヨーロッパのアンティークのファブリックが惜しみなく使われていて、温かな手仕事の醸し出す雰囲気に安らぐはず。季節ごとに異なる花を咲かせる庭の植物には、珍しいタイ古来の品種もあり、植物が好きな人にもおすすめです。

1.チーク材がふんだんに使われた建物。ベッドカバーにはモン族のバティックが。布使いは参考になる。2.柔らかな光がさすダイニングルーム。3.木の枝に吊るしたシダ系の植物が美しい庭園。風が吹くと光がこぼれる。4.調理器具や生活道具が一通り揃い、食料は全て宿泊費に含まれる。5.定員2名の建物は高床式古民家&東屋。1階はリビングとキッチン、2階はダブルルームとバス・トイレ。もう1棟は定員3名（3人目は＋1000B）。寝室にはダブルとシングルのベッドがあり、キッチンとリビング、2つのダイニングルーム、建物の周囲はタイ・スタイルのベランダが取り囲む。ワット・ウモーンエリアにあり、寒季は徒歩での散歩が心地よい。

DATA

🏠 12/18 Iinchi Soi9. Tambon SuThep　📞 09-2658-5168　㊡ 無休　🅲 可
🕐 チェックイン12:00〜、チェックアウト〜12:00　💰 1棟5500B（〜2名）、3名は＋1000B。※3泊から予約可。10歳以下の宿泊不可。予約はAirbnb（エアビーアンドビー）のサイトからhttps://www.airbnb.jp

hosihana village
ホシハナ・ヴィレッジ

| MAP/ P168-A4 | **HOTEL** |

オープンダイニング付きのすいかハウス。個性的なコテージに泊まり比べてみたい。

ハーブのサウナから酵素風呂まで、自然のちからに癒やされる宿

　自然豊かな場所でのんびり過ごしたい人にぴったりの滞在施設です。広い敷地には、タイ北部の民家風の建物や中庭のある建物、土の家など個性的な9つのコテージが点在しています。朝は鳥の声で目覚め、庭を眺めながら美味しい朝食のひとときを。自転車などを利用して周辺の商店やローカル市場を散策すれば、観光エリアとは違った郊外ならではの風景に出合えます。風の通るレストランではチェンマイならではの料理を味わって。タイマッサージを受けたり、免疫力を高めるハーブスチームサウナや女性専用の酵素風呂で、日頃の疲れを癒すのもおすすめです。

1.米ぬか酵素風呂は15分でマラソン2時間分に匹敵する発汗量だとか。仕上げにスタッフが丁寧に米ぬかをかけてくれる。身体の奥までぽかぽかと温まり肩こりや腰痛にも効果あり。お肌もつるつるに！　宿泊ゲスト1人500B、ビジター1人600B。**2.**体にいいハーブドリンクでクールダウン。フレッシュなミントのスムージー140B。**3.**タイハーブの蒸気を炊き込めたハーブスチームサウナも気持ちいい。宿泊ゲスト500B、ビジター600B。複数人で利用しても金額は同じ。**4.**センス抜群のショップは必見。縫製場で織られた布のポーチ。宿泊費等の収益は隣接のHIVに母子感染した孤児たちの生活施設としてスタートしたバーンロムサイの支援になる。

DATA

🏠 246 Moo 3 T.Namprae, A.Hangdong　☎ 06-3158-4126　🅲 可
🕐 チェックイン15:00〜、チェックアウト〜12:00　💰 1棟1500B〜※メールで予約(日本語可)
info@hoshihana-village　ハーブスチームサウナ、酵素風呂のビジターも要予約。

Ninetynine The Heritage Hotel

ナインティーナイン・ザ・ヘリテイジ・ホテル

| MAP/ P170-B2 |　　**HOTEL**　　|

ワット・プラシンの正面、歴史のある建物に泊まる

旧市街のワット・プラシンの向かいという便利な場所にある、築100年以上の優雅なコロニアル様式のホテルです。実権を持つチェンマイ最後の君主であった、インタウィチャヤーノン王の館という格式高い建物で、チェンマイで最も古いホテルの一つだった時代もあります。この建物をリノベートし、2016年に26室の高級ブティックホテルとしてオープンさせたのは、若きオーナーのジョンさん。彼は日本語堪能なので、初めてのチェンマイ旅行の人には心強い存在です。

1.中庭を見下ろす2Fの通路。壁には約100年前のワット・プラシンの写真が飾られている。**2.**ロビーではスイーツやアイスクリーム、スナックの無料サービス有り。朝の托鉢体験やサムロー（自転車タクシー）で街を回るツアー（350B/60分）、無料文化体験ワークショップも毎週開催。**3.**ヘリテージ・グランド・ルーム6000B〜（シーズンによる）。

DATA

🏠 2Samlarn Rd.,Sri Phum
☎ 0-5332-6287　㊡ 無休　🅲 可　🕐 チェックイン14:00〜、チェックアウト12:00　※英語可

THAI AIRWAYS INTERNATIONAL
タイ国際航空

| **AIRLINE** |

評判の高い機内サービスはタイのホスピタリティーそのもの!

日本からチェンマイへ最も便利なのがタイ国際航空。全国の主要都市からバンコクへ週70便以上が運航するタイのフラッグキャリアです。バンコクからチェンマイへも1日5便が運航して旅の自由度は高く、サービスや設備も充実。機内のモニターで世界のスポーツやニュースがライブで視聴できる LIVE TV on board（B787、A350型機にて提供）は評判です。また世界的な調査会社のリサーチでエコノミークラスの食事が世界1位を獲得。本場の味を機内で堪能できるのも嬉しい。

1.日本からは直行便のないチェンマイ。最も便利なのがタイ国際航空だ。2.鮮やかな民族衣装のクルーに癒される。3.本場のタイカレーをエコノミーでも! 4.子供を大切にするタイの文化が機内サービスにも反映される。

DATA

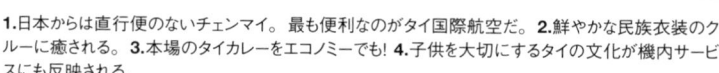

📞 日本地区コールセンター
【ナビダイヤル】0570 -064-015（営業時間:月〜金、09:00〜17:00、土日祝祭日は休業）
🅗 https://www.thaiairways.com/ja_JP/index.page ※運行状況はHPでご確認ください。

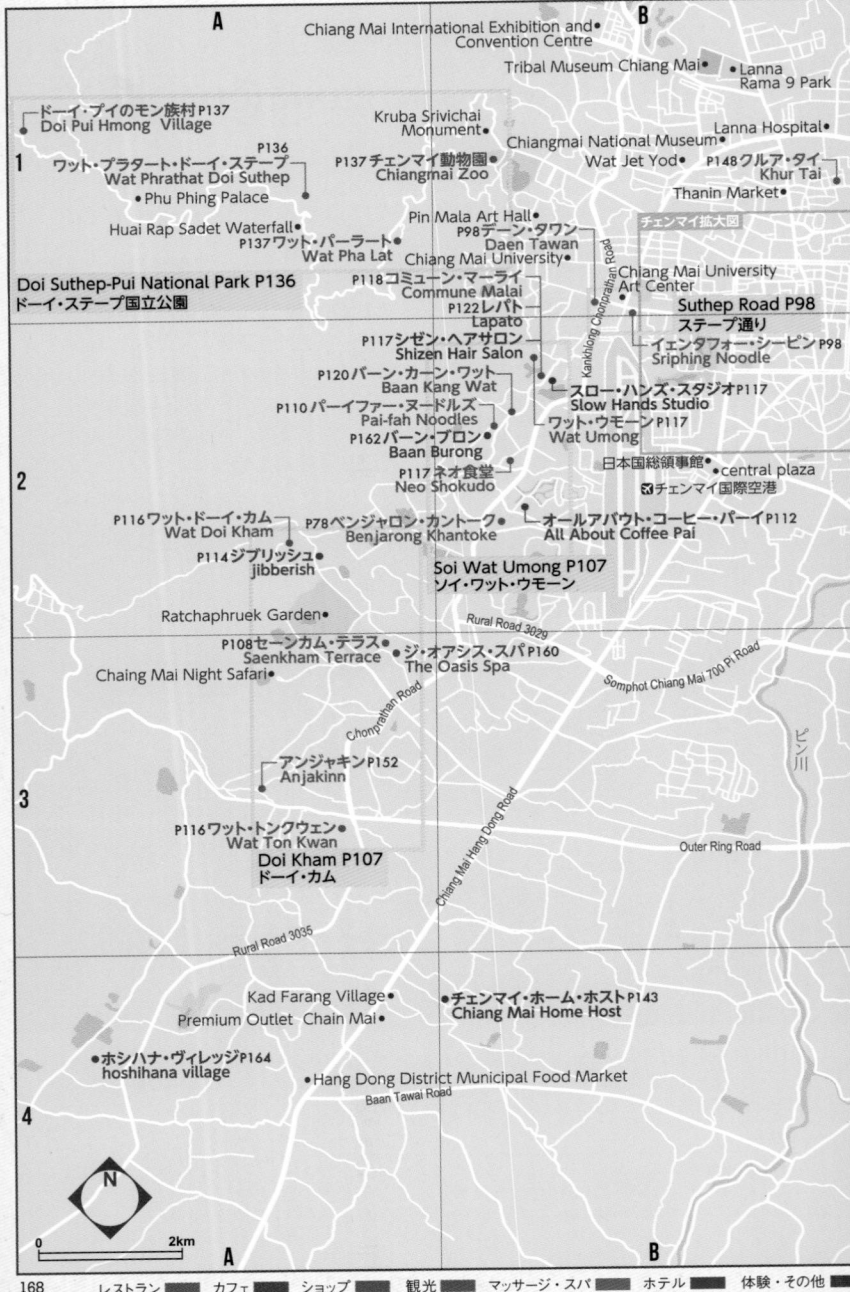

Chiang Mai International Exhibition and Convention Centre

Tribal Museum Chiang Mai
Lanna Rama 9 Park

Kruba Srivichai Monument

Chiangmai National Museum
Lanna Hospital

ドーイ・プイのモン族村 P137
Doi Pui Hmong Village

P136
ワット・プラタート・ドーイ・ステープ
Wat Phrathat Doi Suthep

P137 チェンマイ動物園
Chiangmai Zoo

Wat Jet Yod
P148 クルア・タイ
Khur Tai

Thanin Market

● Phu Phing Palace

Pin Mala Art Hall

チェンマイ拡大図

Huai Rap Sadet Waterfall
P137 ワット・パーラート
Wat Pha Lat

P98 デーン・タワン
Daen Tawan

Chiang Mai University

Chiang Mai University Art Center

Doi Suthep-Pui National Park P136
ドーイ・ステープ国立公園

P118 コミューン・マーライ
Commune Malai

Suthep Road P98
ステープ通り

P122 レバト
Lapato

P117 シゼン・ヘアサロン
Shizen Hair Salon

イェンタフォー・シーピン P98
Sriphing Noodle

P120 バーン・カーン・ワット
Baan Kang Wat

スロー・ハンズ・スタジオ P117
Slow Hands Studio

P110 パーイファー・ヌードルズ
Pai-fah Noodles

ワット・ウモーン P117
Wat Umong

P162 バーン・ブロン
Baan Burong

P117 ネオ食堂
Neo Shokudo

日本国総領事館

central plaza

P116 ワット・ドーイ・カム
Wat Doi Kham

P78 ベンジャロン・カントーク
Benjarong Khantoke

チェンマイ国際空港

オールアバウト・コーヒー・パーイ P112
All About Coffee Pai

P114 ジブリッシュ
jibberish

Soi Wat Umong P107
ソイ・ワット・ウモーン

Ratchaphruek Garden ●

P108 センカム・テラス
Saenkham Terrace

ジ・オアシス・スパ P160
The Oasis Spa

Chaing Mai Night Safari ●

アンジャキン P152
Anjakinn

P116 ワット・トンクウェン
Wat Ton Kwan

Doi Kham P107
ドーイ・カム

Outer Ring Road

Kad Farang Village ●
Premium Outlet Chain Mai ●

チェンマイ・ホーム・ホスト P143
Chiang Mai Home Host

● ホシハナ・ヴィレッジ P164
hoshihana village

● Hang Dong District Municipal Food Market
Baan Tawai Road

ピン川

Kankliang Chonprathan Road

Chonprathan Road

Chiang Mai Hang Dong Road

Rural Road 3029

Somphot Chiang Mai 700 Pi Road

Rural Road 3035

N

0   2km

A   B

レストラン ■■■ カフェ ■■■ ショップ ■■■ 観光 ■■■ マッサージ・スパ ■■■ ホテル ■■■ 体験・その他 ■■■

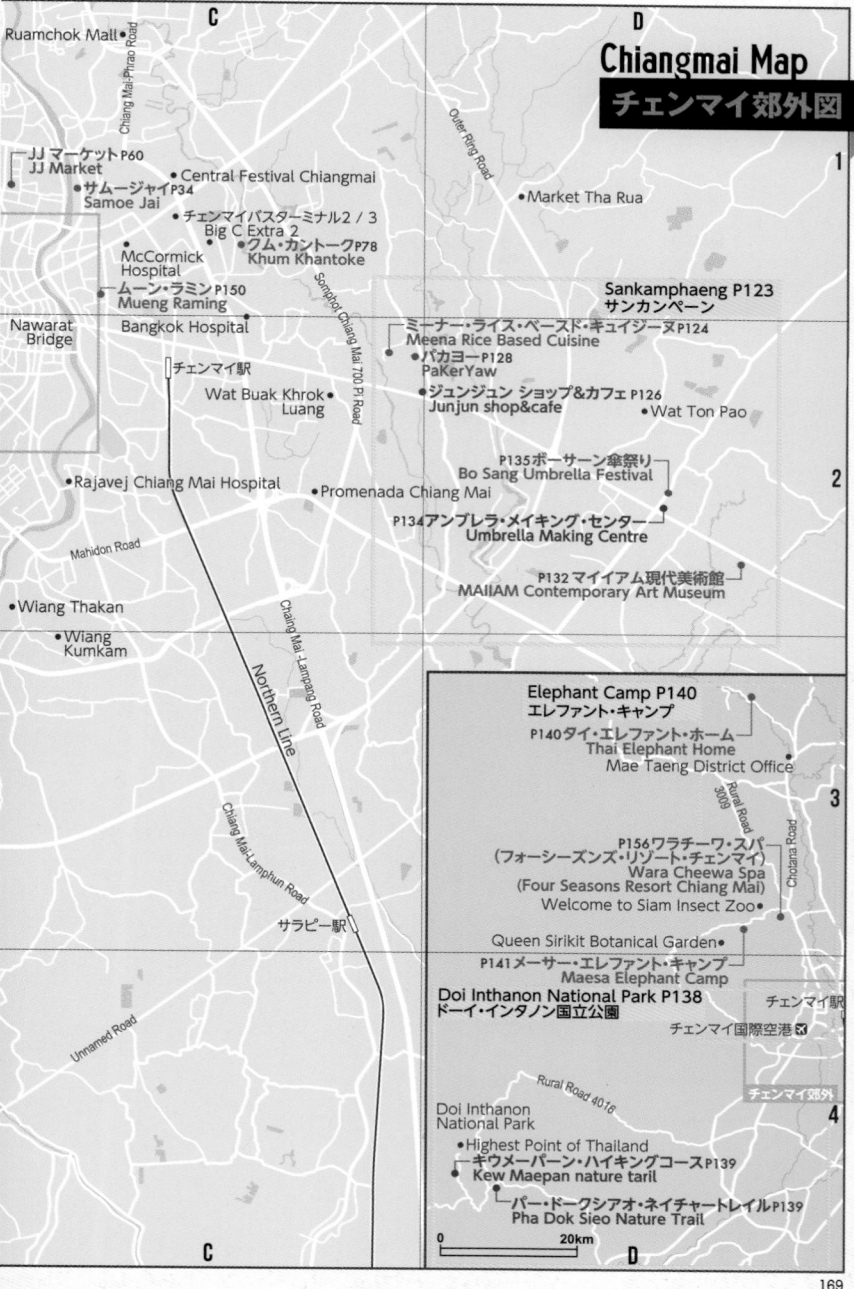

Ruamchok Mall

JJ マーケット P60
JJ Market
サムージャイ P34
Samoe Jai
チェンマイバスターミナル2 / 3
Big C Extra 2
McCormick
Hospital
クム・カントーク P78
Khum Khantoke
ムーン・ラミン P150
Mueng Raming
Bangkok Hospital

Central Festival Chiangmai

Market Tha Rua

Sankamphaeng P123
サンカンペーン

Nawarat
Bridge

チェンマイ駅

ミーナー・ライス・ベースド・キュイジーヌ P124
Meena Rice Based Cuisine
パカヨー P128
PaKerYaw
ジュンジュン ショップ&カフェ P126
Junjun shop&cafe

Wat Buak Khrok
Luang

Wat Ton Pao

Rajavej Chiang Mai Hospital

Promenada Chiang Mai

P135 ボーサーン傘祭り
Bo Sang Umbrella Festival

P134 アンブレラ・メイキング・センター
Umbrella Making Centre

Mahidon Road

Wiang Thakan

Wiang
Kumkam

P132 マイイアム現代美術館
MAIIAM Contemporary Art Museum

Elephant Camp P140
エレファント・キャンプ
P140 タイ・エレファント・ホーム
Thai Elephant Home
Mae Taeng District Office

P156 ワラチーワ・スパ
（フォーシーズンズ・リゾート・チェンマイ）
Wara Cheewa Spa
(Four Seasons Resort Chiang Mai)
Welcome to Siam Insect Zoo

Queen Sirikit Botanical Garden

P141 メーサー・エレファント・キャンプ
Maesa Elephant Camp

Doi Inthanon National Park P138
ドイ・インタノン国立公園

チェンマイ駅

チェンマイ国際空港

チェンマイ郊外

Doi Inthanon
National Park

Highest Point of Thailand
キウメーパーン・ハイキングコース P139
Kew Maepan nature taril
パー・ドークシアオ・ネイチャートレイル P139
Pha Dok Sieo Nature Trail

0   20km

A

メーヤー・ライフスタイル・ショッピングセンター P94
MAYA Lifestyle Shopping Center
ムアック ワン・ニマーン店 P105
Muak(one nimman)
ナップ P102
NAP
ワン・ニマーン P95
One Nimman
リスタ8to・ラボ P100
Ristr8to Rab
アチャ P96
Accha
ホーム・フレッシュ・アイスクリーム P106
Home Fresh Ice Cream
ムアック ソイ 9 店 P104
Muak (Soi9)
ラバーキラー P95
Rubber Killer

Nimmanhaemin Road P93
ニマーンヘーミン通り
シーサンパンマイ P95
Srisanpanmai
リスレット P101
Risr8to

Health Garden

クワン・ラートナー・ヨートパック P98
Guang noodle and rice dishes
Suan Dok Hospital/
Sriphat Medical Center
Wat Suan Dok
Chiang Mai Provincial Ratchamangklaphisek National
パンパン・ベジタリアン・スローフード P99
PunPun Vegetarian Slow Food

Suthep Road P98
ステープ通り

タイ・トラディショナル・アンド・コンプリメンタリー・メディシンセンター P89
Thai Traditional and Complementary Medicine Center(TTCM)

Star Dome Golf Club

Old City P65
オールド・シティー
―旧市街―

スモールハウス・チェンマイ・タイ・クッキングスクール P142
Small House Chiang Mai Thai Cooking School

チェンマイ拡大図

チェンマイ国際空港

Airport Road

B

Chiangmai Boxing Stadium
Tops Market

フアン・ムアンジャイ P77
Huen Muanjai
カオソーイ・メーサーイ P34
Khao Soi Maesai
チェンマイバスターミナル1
Chang Phueak Hospital
ミャンマー総領事館

Central Kad Suan Kaew
Wat Lokmoli
Sri Poom Road
Chang Puak Gate
Chiangmai Ram Hospital

チェンマイ市文化芸術会館 P9
Chiang Mai City Arts & Cultural Center
チェンマイ歴史センター P9
Chiang Mai Historical Centre

Wat Pansao

ナインティー・ナイン・ザ・ヘリテイジ・ホテル P166
Ninetynine The Heritage Hotel
ワット・プラサート P67
Wat Prasat
クー・アロイ P72
Khuu aroi
ワット・プラシン P68
Wat Phra Singh
アカアマ・コーヒー・ラファットリア P84
Akha Ama Coffee La Fattoria
エスピーチキン P72
SP Chicken
ビター・トゥルース P73
Bitter Truth
ワット・ムーングンゴーン P67
Wat Mueng Nguen Kong

ワンラムーン P71
Wanlamun
キャット・オーチャー P70
Kiyat Oochaa
サンデー・マーケット P92
SUNDAY MARKET
ワット・チェディールアン P69
Wat Chedi Luang
フアン・ペン P76
Huen Phen
ワット・パンタオ P67
Wat Pan Tao
ワット・プアック・テム P67
Wat Puak Taem

Suan Dok Gate

Ratchamanka Road
Samlan Road

Nong Buak
Hat Park
Suan Prung Gate

Chang Lor Road
クワティオ・ルア・コンムアン P71
Khon Mueang Boat Noodle
ワット・シースパン P91
Wat Sri Suphan
アイディーアイ・タイ・マッサージ・スクール P89
IDI Thai Massage School
サタデー・マーケット P92
SATURDAY MARKET
Wat
Muen San

Praturng Lacquerware
Wat Nantharam

Wua Lai Road P90
ウアラーイ通り

オールド・チェンマイ・カルチュラル・センター P79
Old Chiang Mai Cultural Center
Rimping Supermarket
Nim City
日本国総領事館

レストラン カフェ ショップ 観光 マッサージ・スパ ホテル 体験・その他

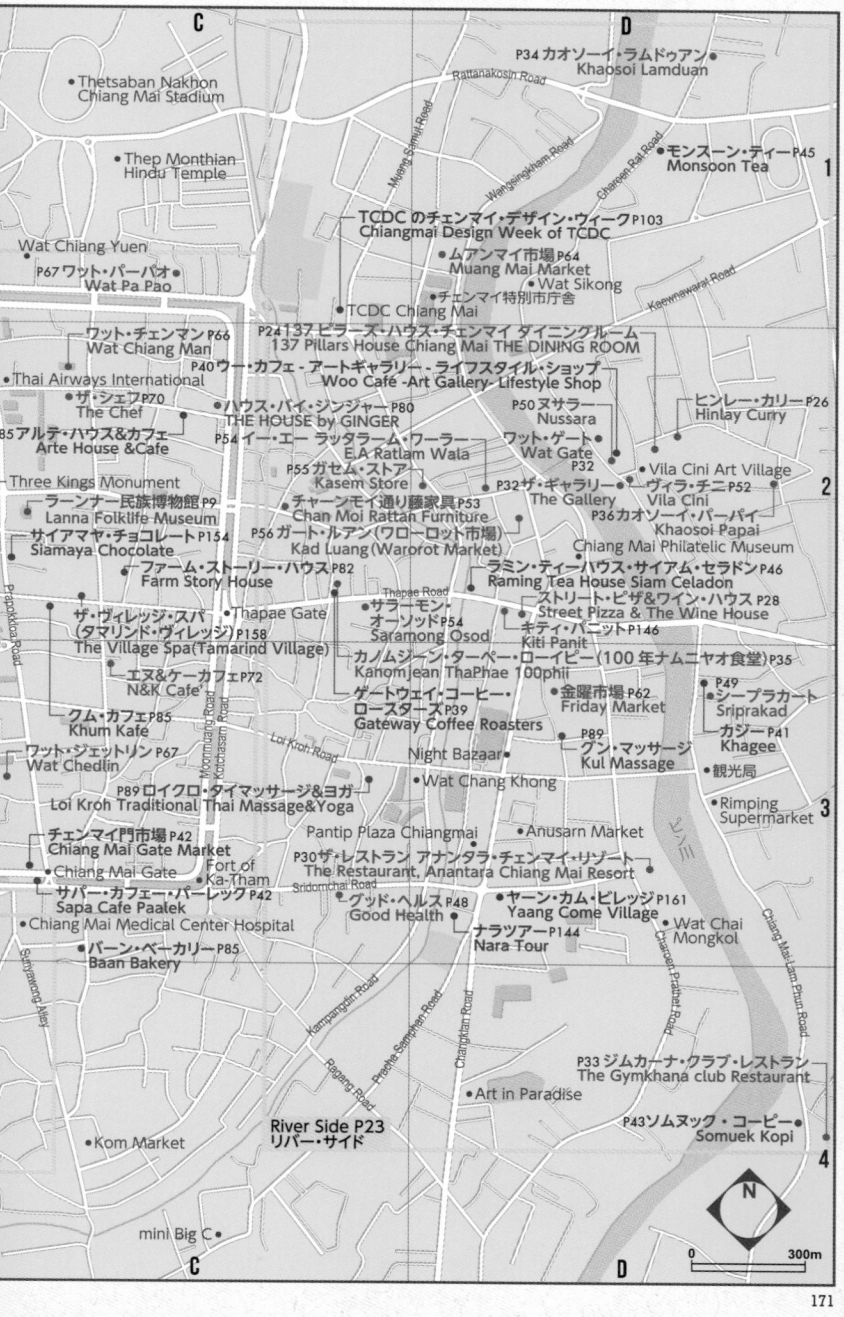

C   D

• Thetsaban Nakhon
Chiang Mai Stadium

P34 カオソーイ・ラムドゥアン •
Khaosoi Lamduan

Rattanakosin Road

• Thep Monthian
Hindu Temple

• モンスーン・ティー P45
Monsoon Tea

1

TCDC のチェンマイ・デザイン・ウィーク P103
Chiangmai Design Week of TCDC

Wat Chiang Yuen

P67 ワット・パーパオ
Wat Pa Pao

ムアンマイ市場 P64
Muang Mai Market

• Wat Sikong

•チェンマイ特別市庁舎
• TCDC Chiang Mai

ワット・チェンマン P66
Wat Chiang Man

P24137 ピラーズ・ハウス・チェンマイ ダイニングルーム
137 Pillars House Chiang Mai THE DINING ROOM

• Thai Airways International

P40 ウー・カフェ - アートギャラリー・ライフスタイル・ショップ
Woo Cafe -Art Gallery- Lifestyle Shop

ザ・シェフ P70
The Chef

ハウス・バイ・ジンジャー P80
THE HOUSE by GINGER

P50 ヌサラー
Nussara

ヒンレー・カリー P26
Hinlay Curry

P85 アルテ・ハウス&カフェ
Arte House &Cafe

P54 イー・エー ラッタラーム・ワーラー
E.A Ratlam Wala

ワット・ゲート
Wat Gate

P32

Vila Cini Art Village •

— Three Kings Monument

P55 ガセム・ストア
Kasem Store

P32 ザ・ギャラリー
The Gallery

ヴィラ・チニ P52
Vila Cini

2

ラーンナー民族博物館 P9
Lanna Folklife Museum

チャーンモイ通り籐家具 P53
Chan Moi Rattan Furniture

P36 カオソーイ・パーパイ
Khaosoi Papai

サイアマヤ・チョコレート P154
Siamaya Chocolate

P56 ガート・ルアン(ワローロット市場)
Kad Luang (Warorot Market)

Chiang Mai Philatelic Museum

ファーム・ストーリー・ハウス P82
Farm Story House

Thapae Road

ラミン・ティーハウス・サイアム・セラドン P46
Raming Tea House Siam Celadon

ザ・ヴィレッジ・スパ
(タマリンド・ヴィレッジ) P158
The Village Spa(Tamarind Village)

Thapae Gate

• サラーモン・
オーソッド P54
Saramong Osod

ストリート・ピザ&ワイン・ハウス P28
Street Pizza & The Wine House

キティ・パニット P146
Kiti Panit

エヌ&ケーカフェ P72
N&K Cafe'

カノムジーン・ターペー・ロイピー(100 年ナムニヤオ食堂) P35
Kanomjean ThaPhae 100phii

クム・カフェ P85
Khum Kafe

ゲートウェイ・コーヒー・
ロースターズ P39
Gateway Coffee Roasters

• 金曜市場 P62
Friday Market

P49
シープラカート •
Sriprakad

ワット・ジェットリン P67
Wat Chedlin

Night Bazaar

P89
• グン・マッサージ
Kul Massage

カジー P41
Khagee

P89 ロイクロ・タイマッサージ&ヨガ
Loi Kroh Traditional Thai Massage&Yoga

Loi Kroh Road

• Wat Chang Khong

• 観光局

• Rimping
Supermarket

3

チェンマイ門市場 P42
Chiang Mai Gate Market

Pantip Plaza Chiangmai

• Anusarn Market

Fort of
Ka-Tham

P30 ザ・レストラン アナンタラ・チェンマイ・リゾート
The Restaurant, Anantara Chiang Mai Resort

サパ・カフェ・パーレック P42
Sapa Cafe Paalek

Chiang Mai Gate

Sridornchai Road

グッド・ヘルス P48
Good Health

• ヤーン・カム・ビレッジ P161
Yaang Come Village

• Chiang Mai Medical Center Hospital

ナラツアー P144
Nara Tour

• Wat Chai
Mongkol

バーン・ベーカリー P85
Baan Bakery

P33 ジムカーナ・クラブ・レストラン
The Gymkhana club Restaurant

• Art in Paradise

River Side P23
リバー・サイド

P43 ソムヌック・コーピー •
Somuek Kopi

• Kom Market

• mini Big C

C   D

N

0   300m

チェンマイ気分な
スーベニア

チェンマイの美味しい食材やセンスの良い雑貨をお土産に！
市場やスーパーマーケットで探してみましょう

-------- *Food* フード --------

ナムプリック・ヌム

煮野菜に添えたり、挽き肉入りの焼き飯に加えても美味。30B程度。→ ワローロット市場 P56

塩の花

タイ南部の塩田で採れる大粒の天日塩はミネラルたっぷり。青い象のマークの袋がお洒落。77B。→ リンピン P94

カオテーン

もち米を天日に干して揚げた素朴なお菓子。スイカ汁の甘みがほんのり。30B〜。→ ワローロット市場 P56、クウェティオ・ルア・コンムアン P71など

ヒンレー・カレー粉

ゲーン・ハンレー（P74）用にチェンマイで調合されているマサラ・パウダー。料理好きの友達に。6B。→ 市場など

はちみつ

森の中でとれる栄養価の高い天然ハチミツ。北部特産の龍眼やライチのはちみつも香りがいい。80B〜。→ リンピン P94、レバト P122

コーヒー豆

気に入った店のコーヒーを日本でも。→ レバト 250g 200B P122、リンピン P94

マンゴーと
パッションフルーツの
ジャム

果物は持って帰れないけどジャムならOK。ドイカム（王室プロジェクトのブランド）のトロピカルな風味のジャム。80B。→ リンピン P94

Goods グッズ

ホウロウのレンゲ

カラフルなホウロウグッズは種類豊富。レンゲは手軽でかわいいお土産に。19B。 ➔ ワローロット市場 P56

ゴムぞうり

ポンポンの飾りがキュート。大人用もある。120B。 ➔ ハンド・ルーム P119

カレンシルバー

砂粒ほどのシルバービーズを繋げた繊細かつ存在感のあるアクセサリー。900B〜。 ➔ ホシハナ・ヴィレッジ P164

タイシャツ

発色の良い薄手のコットン製。風通し抜群のタイシャツは日本の夏場も大活躍。250B。 ➔ ヌサラー P50、パカヨー P128

象のエコバッグ

ハンディキャップを持つ人たちの工房ヒーリング・ファミリーのさをり織りの布を使った象のマスコット付き。広げるとバッグに。120B。 ➔ ヴィラ・チニのアートヴィレッジ敷地内 P52

象のキーホルダー

やっぱり人気の象グッズ。カラフルな糸が透けて見える。150B。 ➔ コミュニスタ P119

Healthy & Beauty ヘルシー & ビューティー

お猿マークの ヤーモン

ほのぼのしたお猿さんマークのヤーモンは虫刺され、筋肉痛、頭痛などに使える家庭の常備薬。もらって嬉しい使いきりサイズは8B。 ➔ 薬局など

ヤードム

昔ながらの小瓶タイプはスパイスが直に効く。花粉症の人へのお土産にも。20B〜。 ➔ サラモーン・オーソッド、イー・エー・ラッタラーム・ワーラー P54、クム・カフェ P85

アルガンバーム

チェンマイで質の高いスキンケアプロダクトを開発するeavam（イーヴァム）のアルガンバームは肌をみずみずしく整えてくれる。1380B。 ➔ ホシハナ・ヴィレッジ P164

あとがき

　この本の取材中、ターペー通りをバイクで走っていた時のこと。バイクのエンジンの調子が悪くなり、やれやれと商店前の路肩に寄せて様子をみていたら、店からおじいさんが出てきました。店の前に停めるんじゃない、と怒られるのかと思いきや、どこから来たの？から始まって、2018年の夏に日本を襲った様々な災害について質問をされました。まあまあ入ってと通されたのは、50年続くテーラーです。82歳と80歳のご兄弟が経営する年季の入った店内には、質の良さそうな生地が並んでいます。その日はまだ取材の予定が残っていたので、早々にお暇するつもりでしたが、そんな私におじいさんテーラー達は「マイペンライ」と言い、戦中にこの辺にやって来た日本兵※のことなどをのんびりと語ってくれました。

　おじいさんが言う「マイペンライ」とは、タイではよく耳にする言葉です。「大丈夫」とか、「気にしない」とかいう意味で、良くいえば全てを肯定する魔法の言葉。このときもこの言葉のパワーにやられ、「ま、いっか」としばし休憩させてもらうことにしました。

　すると、オーストラリアからという70代のご夫婦が、オーダーしたシャツの確認にやって来ました。昔からチェンマイが大好きというご夫婦は、訪れるたびにこの店でシャツを作るのがお決まりなのだと嬉しそうに話してくれました。

　テーラーとお客さんとのハッピーなやりとりを見ているうちに、チェンマイの魅力って、あんまり急いでいたら見えてこないのかもしれないなあ……と改めて感じたのでした。

　チェンマイに住んで約20年が経ちました。街はどんどん便利に広がっていく一方で、昔から変わらない良さもちゃんとあることを、今回、ガイドブックをまとめるにあたって再確認することができたのは、私にとって幸せなことでした。さらにチェンマイの良さを大切にした新しい世代の店との出合いもあり、わくわくと心がときめきました。この本が、そんなチェンマイの魅力に触れていただける助けとなれば、これ以上嬉しいことはありません。

　最後になりましたが、本を書く機会を与えて下さったネオパブリシティの五籐正樹さん、寄り添って編集をして下さった影山聡子さん、素敵にデザインして下さった栗山早紀さんと伊藤直子さんに、この場をお借りして心より御礼申し上げます。ありがとうございました。

2020年3月
古川節子

※当時の日本兵とチェンマイの庶民は概ね友好的な関係だったので、今でもチェンマイのお年寄りには当時の思い出を懐かしく語る人も多い

古川節子 | Setsuko Furukawa |

大学時代より写真を撮り始める。卒業後、チェンマイ
大学にてタイ語の語学留学。1999年よりチェンマイ
在住。チェンマイ発行の情報誌の記者と編集をして
15年以上になる。2007年に情報出版センターより
チェンマイのガイドブック「たっぷりチェンマイ!」を共
著で出版。チェンマイの新しいスポットを紹介しつつ、
タイ北部の伝統舞踊や工芸、食文化、信仰などの
ディープな世界を、体験を通して発信している。現地
の人の暮らしや表情を撮りためながら、チェンマイの古
い写真とエピソードも収集。最近は森と共存するカレ
ンの人々の価値観にひかれている。

企画・編集	株式会社ネオパブリシティ
デ ザ イ ン	株式会社VALIUM DESIGN MARKET・伊藤直子(株式会社ネオパブリシティ)
撮　　　影	古川節子・橋口哲郎(グラビア一部)
地　　　図	庄司英雄

現地在住日本人ライターが案内する

古都チェンマイのとっておき［増補新版］

第1刷　2020年5月25日

著者　古川節子

発 行 者	田中賢一
発　　　行	株式会社東京ニュース通信社 〒104-8415 東京都中央区銀座7-16-3 電話 03-6367-8004
発　　　売	株式会社講談社 〒112-8001 東京都文京区音羽2-12-21 電話 03-5395-3608
印刷・製本	株式会社シナノ